Carl Schuster
Die sechs Leben der Söhne Denis
– Fragmente einer deutschen Chronik –

Carl Schuster

Die sechs Leben der Söhne Denis

Fragmente einer Deutschen Chronik

Verlag Pfälzer Kunst · Dr. Hans Blinn
Landau i. d. Pfalz

Meinen drei Enkelkindern
Andrea, Achim und Petra
gewidmet!

Diese Geschichte ist ungewöhnlich.
Sie schildert eine Straße. Nicht eine jener beschwingt-heiteren Straßen, die an den Hängen der Weingärten und an schmucken Häuserzeilen vorüberführt. Es ist keine Straße der Fremdenströme mit ihren romantischen Reisezielen.
Es ist eine Geschichte der Begegnungen. Die Menschen, die an der Straße leben, sind so, wie sie zu allen Zeiten irgendwo lebten. Die Menschen an der Straße haben ihre eigenen Schicksale. Es ist das Schicksal der Straße. Menschen und Straße gehören zueinander, sie sind untrennbar miteinander verbunden.
Die sechs Leben der Söhne Denis beginnen an dieser Straße und führen immer wieder zu ihr zurück. Es ist das Fragment einer Chronik, die im Leben der Söhne Denis in einer dunkel-leuchtenden Transparenz sichtbar wird.

1.
Die Europaschaukel

Der Weg vom 8. bis zum 37. Längengrad und vom 49. hin zum 51. Breitengrad führt über zahlreiche Flüsse und Gebirge, über Straßen und Wege, die kein Ende nehmen, und durch Dörfer und Städte, die seltsame Namen tragen, je weiter sie liegen.

Wie eine feine Linie zieht sich quer über den Kontinent der 50. Breitengrad, die „Europaschaukel", wie sie von einem genannt wurde, der den weiten Weg an ihr entlang mitmarschierte. Wo diese feine Linie auf dem Globus sich im fernen Rußland verläuft, war das Ziel nahe, das nicht nur für Roger Denis einen Endpunkt bedeutete.

Für Roger Denis begann der Weg zu dem ihm unbekannten Ziel in jenem für ihn bedeutsamen Lebensjahr, in dem er seine Studien in Straßburg und an der Sorbonne in Paris zum Abschluß bringen wollte. Er war für eine kurze Zeit in das alte Haus an der Straße zurückgekehrt. Dort hatte er sich melden müssen und war mit anderen jungen Männern die Straße entlang gezogen bis zum Sammellager. Am Ende des Weges war es eine kleine Armee geworden, die an einem warmen Frühlingstag aufbrach zum endlosen Marsch.

Das war im Frühjahr 1812. Für Roger Denis war das neue Abenteuer durch fremde Länder und Landschaften eine vergnügliche Reise. Wie auf einem Schachbrett schoben sich die Heeresgruppen ineinander, teilten sich nach dem Übergang über die Donau fächerartig zu einem gigantischen Aufmarsch weit im Osten.

In dem kleinen ostpreußischen Städtchen Gumbinnen, in dessen Raum die Hauptarmee unter des Kaisers persönlicher Führung stand, wurde Roger von seinem französischen Regiment abkommandiert und kam als Dolmetscher zum 1. Bayerischen Chevaulegers-Regiment, das aus dem VI. Korps der bayerischen Armee mit dem 2. Regiment ausgeschieden war und nun mitten unter den französischen Truppen kampierte.

An einem der folgenden Tage begann der Aufbruch, nur einige Wegstunden weit. Es war der 22. Juni.

Über diesen Tag schrieb Roger Denis in sein Tagebuch:

„Diesen Abend werde ich nicht vergessen. Wir lagerten an einem Waldhang, dann gab es Alarm, wir mußten uns in einem weiten Karrée aufstellen. Der Kommandeur las uns eine Proklamation des Kaisers vor, darin hieß es, daß wir über den Njemen gehen und den Krieg in Feindesland tragen werden. Auch vom Schwurbruch Rußlands war darin die Rede und daß keine Wahl zwischen Schmach und Krieg geblieben sei.

Als ich die Proklamation übersetzt hatte, entstand große Unruhe unter den Leuten. Die Wirkung war offensichtlich niederschmetternd. Kein Laut der Begeisterung, was ich verständlich fand; denn was haben diese Menschen hier mit der Rauferei der Großen in Europa und den Händeln der Franzosen mit den Briten und den Russen zu tun?

Ein Murmeln ging durch die Reihen, hinten ließ einer einen kräftigen Furz. Alle riefen durcheinander, einige haderten laut mit ihrem Schicksal. Später standen sie in Gruppen beieinander und diskutierten die Lage und erzählten sich die phantastischsten Dinge über Rußland, von denen keiner Genaues wußte, jeder aber das Schauderlichste gehört hatte.

Auch mir ist nicht wohl zumute, wenn ich auf die Landkarte schaue und daran denke, daß wir vielleicht Jahre brauchen werden, um diesen Gegner zu bezwingen. Die riesigen Truppenmassen ringsum stimmen zwar zuversichtlich, auch die siegreichen Feldzüge in all den vergangenen Jahren lassen hoffen, daß das kommende Abenteuer gnädig enden wird. Doch das Ungewisse, in das wir nun hineingestoßen werden, die Gerüchte über Rußland und die Russen lasten auf uns allen.

Einige beteten, andere schrieben nach Hause, wohl die letzte Post, die für viele Wochen nach Hause gehen wird. Die Leute hier sind sehr fromm und scharten sich gleich nach dem Appell um den Regimentskaplan, den sie Pater Augustin nennen. Er stammt aus Ettal im bayerischen Gebirge und versteht es, mit den Leuten umzugehen. Wenn er mit ihnen in ihrem Dialekt spricht, verstehe ich kein Wort. Pater Augustin spricht ein leidliches Französisch und lernt seit Tagen eifrig russische Wörter. Sein Appetit erinnert mich an Abbé Bergère von St. Pierre de Montmartre in Paris, bei dem ich einmal an einem Abend zu Gast war.

Es wird Nacht. Morgen früh brechen wir auf. Ich habe seit meiner Kindheit nicht mehr gebetet, — ‚Gott sei uns gnädig!'"

Der Vormarsch der bayerischen Chevau-légers-Regimenter im Verband französischer und sächsischer Kavallerie-Divisionen begann am folgenden Morgen. Die Truppen rückten mit der Hauptarmee über den Njemen und erreichten Anfang Juli Wilna. Am 14. Juli visitierte der Kaiser in einem Lager nahe den Mauern der litauischen Hauptstadt die

Armee. Die 25 000 Mann des bayerischen Armeekorps defilierten mit klingendem Spiel und weißblauen Fahnen an Sr. Majestät vorüber, voraus die Kavallerie, dann die Infanterie und die Artillerie.

Dann kam die kaiserliche Order, daß vier Chevaulégers-Regimenter und eine leichte Batterie unter dem Kommando von Graf Preysing eine eigene Kavalleriedivision bilden sollten und zum Zug nach Moskau abmarschierten. Mit ihnen zog Roger Denis.

Von den 25 000 Mann der bayerischen Armee, die im Juli vor dem Kaiser vorbeimarschierten, kamen kaum mehr 15 000 bei Polozk an. Das war vier Wochen später. Pater Augustin war viel unterwegs, um die Kleinmütigen, die Unwilligen und Marodeure aufzumuntern.

Bei Borodino, wo auch die bayerischen Regimenter am 7. September schwere Verluste erlitten, begegnete Roger Denis einem jungen Mann, der sich zeichnend auf dem Schlachtfeld herumtrieb und Skizzen schnell zu Papier brachte. Er gehörte zum Gefolge des Prinzen Eugen Beauharnais, nannte sich Albrecht Adam und hatte volle Freiheit, sich mitten im Schlachtengetümmel seiner Kunst zu widmen und die Szenen der Zerstörung und des Todes im Bild festzuhalten.

Es kam zu einem langen Gespräch zwischen beiden; sie sprachen über den sentimentalen Naturalismus in Frankreich und Deutschland, über den Malerkreis um Goethe in Frankfurt und den Porträtisten Anton Graff in Dresden. Der junge Maler, der in München zu Hause war, zeigte sich erfreut über die seltsame Begegnung und schenkte Roger Denis eine seiner Skizzen vom Schlachtfeld, die er zuvor vom nahen Hügel aus angefertigt hatte.

Am 14. September in der Mittagsstunde ritt Roger Denis mit den bayerischen Chevau-légers durch die Tore der Stadt an der Moskwa, vorbei an dem auf einem Schimmel sitzenden Kaiser.

Während die Garde in Moskau blieb, ritt das Reiterkorps auf der Straße nach Wladimir über die

Albrecht Adam: Auf dem Schlachtfeld an der Moscwa am 7. September 1812. Im Vordergrund der tödlich verwundete Graf Wittgenstein, Obrist eines bayerischen Chevaulegers-Regiments.
Bayerisches Armeemuseum Ingolstadt.

Stadt hinaus und bezog bei dem kaiserlichen Lustschloß Petrowskoje Biwak.

Aus seinem Quartier nahe dem Lustschloß Petrowskoje schrieb Roger Denis am 17. September an seine Braut einen Brief.

„Liebste Jeannette! Wo wir sind, wenn Dich dieser Brief erreicht, mag der Himmel wissen. Eines ist gewiß: ich lebe und bin wie durch ein Wunder bisher durch manche Gefahren gekommen. Dieser Marsch der Armee nach Moskau stellt alle bisherigen Feldzüge in den Schatten, selbst alte Haudegen der kaiserlichen Garden sind über unsere Lage besorgt. Moskau brennt, seit zwei Tagen wohnt der Kaiser in unserem Lustschloß, schon einen Tag nach der Einnahme der Stadt verließ er sein Quartier im Kreml. Ich sehe ihn tagsüber hin und wieder im Park mit seinen Generälen.

Unvergeßlich wird mir der Augenblick bleiben, an dem unsere Chevau-légers auf dem linken Ufer der Moskwa beim Dorf Khorichevo biwakierten und wir von den Höhen aus beim Schein der untergehenden Sonne die riesige Stadt zu unseren Füßen liegen sahen. Alle Strapazen und Leiden waren plötzlich vergessen, wie ein himmlisches Jerusalem erschien uns dieses Bild.

Über unseren Vormarsch schrieb ich Dir aus Smolensk, ich hoffe, daß die Feldpost in die Heimat nicht zu lange brauchte. Wir hatten durch die russische Kavallerie und vor allem durch die Artillerie zahlreiche Verluste, viele meiner neuen Freunde im Regiment sind gefallen, Pater Augustin, mein lieber Gefährte in diesem Feldzug, wurde verwundet, zum Glück nur leicht, so daß er nicht zurückzubleiben brauchte.

Denke Dir, gestern traf ich mitten in der Stadt nahe dem Kreml einen Rittmeister vom 1. bayerischen Chevau-légers-Regiment. Er hat sich in einem schönen Haus einquartiert, um sich von einer Verwundung an der Hüfte zu erholen. Dieser Rittmeister Karl August Christian Mannlich ist ein

Landsmann, ein famoser Kerl mit guten Manieren. Er ist etwas älter als ich, wohl Mitte zwanzig; wir freundeten uns schnell an, er schleppte Wein, Reis und Konfitüren an und bereitete von den im Haus vorgefundenen Vorräten mit Hilfe einer alten Babuschka originalrussische Speisen zu, eine köstliche Kukuruzsuppe, Schirwan, Hammelkotélettchen mit Bohnen, Karski, Hammelkeule und Schafskäse, dazu Wodka, den wir nur mäßig trinken konnten. Wie gerne hätten wir eine gute Flasche von unserem Wein zu Hause getrunken, von dem unser Rittmeister die besten Lagen kennt. Wir schwärmten von unserer Heimat, ich erzählte ihm von unserem Haus und unserer Straße. Er wuchs in Zweibrücken auf und kam dann später nach München, wo sein Vater eine achtbare Position hat. Mannlich kennt auch Paris und Straßburg, so schwelgten wir in Erinnerungen, die uns unsere mißliche Lage schnell vergessen ließen. Er lud mich ein, nach glücklicher Heimkehr ihn bei seinem Vater in München zu besuchen, sie wohnen in einem Gartenhaus am Schwabinger Tor. Bitte merke Dir die Adresse, wenn es der Himmel will, werde ich mit Dir meinen neuen Freund in München besuchen.

In der St. Petersburger Straße sah ich meinen jungen Malerfreund von Borodino wieder. Er wohnt an dieser Straße im Palais des Fürsten Momonoff, in dem Prinz Eugen abgestiegen ist, durchstreift Moskau auf seine Weise und läßt einen vergessen, daß Krieg ist.

Moskau ist eine herrliche Stadt, jetzt aber ist das Leben hier nicht sehr erträglich. Die Russen stehen, wie ich beim französischen Stab hörte, im Süden der Stadt auf der Straße nach Kaluga. Das heißt mit anderen Worten: sie wollen unsere rückwärtigen Verbindungen abschneiden. Dann sitzen wir in einer Mausefalle. Vorerst bleiben wir nahe dem Lustschloß Petrowskoje, wir haben ein leidliches Quartier und leben von dem Vorrat, den uns die Moskauer zurückgelassen haben. Überall in der

Stadt brennt es, die französischen Garden holen sich in Magazinen und Kaufläden, was sie brauchen und machen damit Geschäfte. Der Teufel soll diesen Krieg holen und alle, die schuld daran sind, daß wir nun in dieser Mausefalle sitzen. Wie lange werden wir es in dieser brennenden Stadt aushalten?

Liebste Jeannette! Ich hatte gestern, als ich die weite Straße nach Schloß Petrowskoje ritt, arges Heimweh, nach Dir, nach allen Lieben zu Hause. Die Hügel, die Bäume und die kleinen Häuser auf dem Weg erinnern mich an unsere Straße, die auch in die Weite führt und irgendwo am Horizont verläuft. Hier steht am Horizont eine dunkle Wolke, der Himmel ist am Abend weithin gerötet von den Feuersbrünsten in der Stadt. Es wird sehr früh Abend in diesem Land."

*

Die Wochen in den Lagern bei Moskau waren geruhsam. Vom kaiserlichen Lustschloß Petrowskoje wurde die Division mit dem IV. Korps schon wenige Tage später nach Alexiskoje verlegt. Die Chevau-légers fanden ihren Humor wieder, spielten, sangen und führten ihre Tänze auf, die bei ihnen im Gebirge zu Hause sind. Anfang Oktober wurde es schon merklich kalt, der Kaiser wartete offensichtlich auf ein russisches Friedensangebot. Im Lager gab es täglich neue Parolen, auch bei den Stäben konnte Roger nichts über die Lage erfahren.

Am 19. Oktober, kurz nachdem Pater Augustin in einer nahen russischen Kirche für das Regiment die Messe gelesen und ihm eine glückliche Heimkehr versprochen hatte, kam der Befehl zum Abmarsch in Richtung Kaluga. Es war ein schöner Herbsttag.

Auch Rittmeister Mannlich befand sich in dem seltsamen Zug, der sich von Moskau südwärts bewegte. Über sechzig prächtige englische Wagen aus den Remisen vornehmer Moskowiter waren be-

Albrecht Adam: Napoleon am 22. September 1812 im brennenden Moskau.
Bayerisches Armeemuseum Ingolstadt.

Die zahlreichen Zeichnungen und Skizzen Albrecht Adams von den Schlachtfeldern des russischen Feldzugs Napoleons 1812 sind im Besitz des Bayerischen Armeemuseums Ingolstadt und befinden sich in einem Album „Voyage pittoresque à Moscou".

packt mit Bildern, chinesischem Porzellan, Pendeluhren, Samowaren und anderen Beutestücken, die viele sich als Erinnungsstücke angeeignet hatten und mit nach Hause bringen wollten. Mannlich, der wegen seiner Verwundung immer noch an Krücken gehen mußte, saß in einer der beiden Troiken, die er als Beute mit sich führte, sie waren mit Hafer, Heu, Brot, Kartoffeln und Wein beladen. Ein kaiserlicher Gardist hatte ihm in Moskau einen schweren Schafspelzmantel, eine Pelzmütze und Decken verkauft, und so saß der Rittmeister wohlvorbereitet auf den Winter in seiner Troika. Sein Reitknecht führte drei futterbepackte Pferde mit, der Troß bewegte sich am Ende der sonderbaren Karawane aus der Stadt hinaus. Roger, der dem 2. Chevau-légers-Regiment angehörte, erkannte beim Abmarsch den Freund und wünschte ihm eine gute Heimfahrt. „Auf Wiedersehen in München!"

Eine Woche später, auf dem Marsch von Malo Jaroslawetz nach Smolensk, zwischen Borowsk und Wereja und kurz vor Mosaisk, hatte Roger Denis ein Erlebnis, über das er in seinem Tagebuch berichtete. „Wir gelangten heute völlig erschöpft und todmüde abseits der großen Straße zu einem herrschaftlichen Gut, das verlassen schien. Pater Augustin, der in Moskau seine Kenntnisse in der russischen Sprache sehr vervollkommnet hatte, wagte sich in das Herrenhaus und entdeckte im Salon einen Greis, der offenbar allein mit einer Dienerin lebte. Der Alte schien an die neunzig Jahre zu sein, wohl der Gutsherr. Es kam uns zustatten, daß er sehr schwerhörig war und uns in unserer seltsamen Verkleidung für russische Soldaten hielt. Die alte Magd mußte uns eine kräftige Sulijanka kochen, dann gab es reichlich Abul mit Katuschka, Wein und Wodka. Der Alte murmelte einen Trinkspruch auf Zar Alexander, auf den wir tranken und ihn hochleben ließen. Pater Augustin warf unserem unfreiwilligen Gastgeber hin und wieder einige Brokken russischer Wörter zu und sprach in einem Gemisch von russisch, deutsch und seinem bayerischen Dialekt. Die Szene war heiter, makaber, fast wie im Frieden. Dennoch waren wir in ständiger Angst, daß eine russische Kavalleriepatrouille unser warmes Nest aufspüren könnte.

Ich versuchte, mit dem Alten auf französisch in ein Gespräch zu kommen. Trotz seiner Schwerhörigkeit verstand er mich gleich, er sprach ein tadelloses Französisch, nannte seinen Namen: Fürst Petrowitsch Romanzow. Bei unserer ein wenig mühsamen Unterhaltung stellte sich heraus, daß sein Sohn in Petersburg als Staatskanzler tätig ist und bereits unter der großen Kaiserin als junger Diplomat an den europäischen Höfen, auch in Deutschland, gedient hat. Mein Erstaunen war groß, daß ich auf eine so seltsame Weise mit den Romanzows Bekanntschaft machte, denn Graf Nikolai Romanzow war mir von meinen Geschichtsstudien her kein Unbekannter. Der Alte schlief mitten im Plaudern ein, wir tranken seinen Wodkavorrat aus und empfahlen uns ohne Abschied. In einer abseits gelegenen Datscha übernachteten wir und fühlten uns am nächsten Morgen wie neugeboren. Pater Augustin erzählte mir aus seiner Heimat, wo im letzten Jahr in Oberammergau das Passionsspiel fünfmal aufgeführt worden war. Mein guter Pater hatte nur den einen Wunsch, das Spiel noch einmal erleben zu dürfen. Welch ein Trost, daß ich mit diesem Mann und seinen Leuten in unserem Elend zusammen bin; die Kerle teilen mit mir jedes Stück Brot, das sie irgendwo auftreiben können."

Hinter Smolensk wurde der Rückmarsch chaotisch, die Lage schien verzweifelt. Wer zurückblieb, war verloren. Pater Augustin, der selbst Mühe hatte, auf den Beinen zu bleiben, tröstete die Sterbenden, so gut es in der Eile ging. Tausende von Leichen und Pferdekadavern links und rechts der Straße, Kosakenschwärme auf ihren flinken Tatarenpferden schlugen versprengte Haufen erbarmungslos zusammen.

Wohl ihren schwersten Tag hatten die Chevaulégers am 28. November. Mit Schweizer und polnischen Truppen verteidigten sie am rechten Ufer der Beresina den Flußübergang. Unbeschreibliche Szenen spielten sich ab, die Soldaten gelobten eine Wallfahrt nach Altötting, wenn sie dieser Hölle entrinnen würden. Nur Reste der stolzen Armee entgingen den angreifenden Russen.

*

Roger Denis blieb bei seinem Chevau-légers-Regiment, auch nach dem diplomatischen und miltärischen Wechselspiel im November 1813. Der Weg führte zurück, wieder entlang der Europaschaukel, die im Westen irgendwie an einer der politischen Verknotungen des britischen Weltreichs hing.

Am 30. März 1814 ritt Roger Denis mit dem bayerischen Korps in Paris ein, mit klingendem Spiel und wehenden Fahnen, wie damals im Juli 1812 nahe der russischen Hauptstadt vor dem Kaiser. Durch die Porte d'Austerlitz ging der Marsch den Boulevard Hôpital entlang und durch die Porte Maréngo wieder zur Stadt hinaus nach dem an der Straße von Fontainebleau gelegenen Dorf Rungis. Ein seltsames Gefühl befiel Roger Denis auf diesem Weg, und er dachte an das Schicksal seiner Heimat. Schon in Moskau hatte er mit Rittmeister Mannlich ein langes Gespräch darüber geführt.

Anfang Juni 1814 war Roger Denis wieder zu Hause. Der Weg vom 8. bis zum 37. Längengrad und zurück bis nahe dem 2. Längengrad war ihm wie ein langer, seltsamer Traum. Von denen, die mit ihm damals ausgezogen waren aus den Städten und Dörfern an der Straße, war keiner wieder zurückgekehrt.

Immer, wenn er die Straße ging, an der das alte Haus lag und die sich weit von Westen nach Osten zog, sah er die Bilder seines Lebens, und am Horizont den hellen Himmel, wie im Aufleuchten eines klaren Morgens.

Obelisk in München.
Als Gedenksäule auf dem Karolinenplatz in München befindet sich ein Obelisk, von Leo von Klenze 1833 entworfen. Die Gedenksäule erinnert an die 30.000 Bayern, die unter Napoleon 1812 in Rußland gefallen und erfroren sind.
(Foto: Werner Ernst)

Diese Straße hatte immer schon etwas Besonderes, Eigenes. Es gibt Straßen, die wie Menschen sind, mit ihrem eigenen Gesicht, Wesen und Aussehen. Niemand weiß eigentlich warum. Sie erscheinen uralt und sind doch von pulsierendem Leben. In ihnen haben schon Generationen gelebt, ihr kleines, verkümmertes Leben, das dahinging, verlosch, wie eine Kerze verlischt. Die nach ihnen kamen, waren gleich in ihrem Wesen und ihren gleichen kleinen Wünschen, Sorgen und Nöten.

Immer geschahen alltägliche Dinge in dieser Straße, die ihr eigenes Schicksal lebte, und so wie ihr Alltag waren auch die Menschen, die dort lebten. Die Straße formte sie, sie gehörten zu ihr, sie gingen fort und kehrten nach einer Weile wieder zurück. Immer war es eine Heimkehr. Die Straße war die gleiche, wenn sie fortgingen und hatte sich nicht verändert, wenn nach Jahren der Ferne einer wieder auftauchte und für immer blieb.

Auch in dem alten Haus mit den hohen Fenstern, das an der Straße stand, hatte sich nichts geändert. Nur die Zeit war eine andere, eine neue Generation lebte im Hause Denis. Es war das Jahr 1848.

2.
Frankfurt 1848

Von dem alten Haus an der Straße führt der Weg ostwärts nach Frankfurt. Bis an den Main ist es keine weite Reise. Sie führt in die Ebene an den Rhein und hinüber bis zum Neckar; weiter die blühende Bergstraße entlang bis zur Stadt Frankfurt, die in diesen Märztagen sich auf große Ereignisse vorbereitet. Für Louis Denis ist dies alles neu, die Stadt, die Menschen in dieser großen Stadt. Louis Denis verdankt seine Stellung als Schreiber beim Parlament einer Empfehlung des Herrn von Closen, den er während seines Studiums in München kennengelernt hatte und der Einfluß unter den hohen Herren besitzt, die aus Wien, Berlin, München und von überall her in Deutschland nach Frankfurt gekommen sind.

Die Paulskirche in Frankfurt a. M.
Lithographie der Kunstanstalt des Bibliographischen
Instituts Hildburghausen.
Stadtarchiv Frankfurt/Bundesarchiv Frankfurt.

Louis Denis kennt keinen Menschen in Frankfurt. Er hat Geschichte studiert und will sich nun in der Politik umsehen. Louis Denis hat klare Augen und einen kritischen Verstand, mit dem er all die Dinge um ihn herum beobachten will. Ihm ist ein wenig feierlich zumute, wie jedermann in Frankfurt, das sich auf Tage und Wochen vorbereitet, die an alte Krönungsfeste erinnern.

Dann kommt ein herrlicher Frühlingstag im Mai. Die Frankfurter haben ihre Häuser geschmückt, aus den Fenstern hängen Fahnen, sie sind schwarz-rot-gold. Alle Menschen in der Stadt sind fröhlich, wie bei einem Volksfest. Die Stadt gleicht einem Bienenhaus, überall diskutieren die Leute und erzählen sich märchenhafte Dinge, die sie irgendwo gehört und gelesen haben.

Der Parlamentsschreiber Louis Denis sitzt in seinem bescheidenen Dachzimmer nahe dem Hirschgraben und schreibt in sein Tagebuch. Es sind Notizen, die er später einmal für seine historischen Studien verwenden will. Herr von Closen hatte dies angeregt.

„Heute war der erste Tag der Sitzungen in der Paulskirche. Es ging feierlich zu, ich hatte wenig zu tun und begann, mir die Namen der Abgeordneten einzuprägen. Einige kenne ich schon aus unseren Blättern, so unsere Abgeordneten Schmitt und Schüler, auch Wirth ist nun hier im Parlament.

Meine Beschäftigung ist angenehm, ich sammele die ausländischen Berichte über die Nationalversammlung, vornehmlich aus französischen und britischen Blättern. So bekomme ich ein interessantes Bild von den Geschehnissen, gleichsam von außen her, obgleich ich mitten unter den Akteuren des Schauspiels lebe. Unter ihnen sind bemerkenswerte Köpfe, über die ich meine Aufzeichnungen machen werde.

Als ich mir heute die Versammlung in der Paulskirche betrachtete, kamen mir Bedenken über den Geist und den gesellschaftlichen Aufbau in unserem

Einzug der Mitglieder des Vorparlaments in die Paulskirche. Zeichnung: J. Ventadour, Stadtarchiv Frankfurt/Bundesarchiv Frankfurt.

heutigen Deutschland. Richter, Anwälte, Geistliche und viele Abgeordnete aus der Verwaltung. Auch einige Kaufleute, Industrielle und Schriftsteller. Kein Vertreter der unteren Stände, bis auf ein paar Handwerker. Diese Leute beraten nun über eine gemeinsame Zukunft, wobei es ihnen vornehmlich um die Überwindung von Grenzen geht, die anderswo verlaufen als jene, die unser Volk wirklich trennen.

Ich habe alle diese Fragen während meines Münchner Studiums mit Herrn von Closen diskutiert. Wir waren oft in seinem Club zusammen, der sich auf Closens Gut Gern regelmäßig traf. Mein väterlicher Freund stand seit vielen Jahren mitten in der Politik, war Abgeordneter der Ständekammer in München und ist nun Bundestagsgesandter und Bevollmächtigter Minister am kurhessischen, großherzoglichen und nassauischen Hof in Frankfurt. Diesem hohen Herrn verdanke ich viele Einblicke in die sozialen Verhältnisse in unserem Volk; er gründete vor mehr als zwanzig Jahren auf seinem Gut in Gern eine Erziehungsanstalt für arme Waisen und brachte dieser Anstalt große Opfer.

Was ich an diesem Mann immer wieder bewunderte, war seine aufrechte Haltung, auch gegenüber den Mächtigeren, die ihm seine Aufrichtigkeit oft verübelten. 1819 war er als Ersatzmann in die Kammer der Abgeordneten in München gewählt worden und verteidigte in vier Versammlungen der Stände bis 1831 die Rechte des Volkes. Jedermann kannte ihn, vor allem die Leute aus den niederen Ständen, für deren Wohlergehen er sich in zahlreichen Anträgen im Parlament einsetzte. Auch nach 1831, als er aus dem Staatsdienst austrat, stand für ihn die soziale Frage an erster Stelle. Man sagte, daß das große Interesse des Kronprinzen Maximilian an der Arbeiterfrage durch Gespräche mit Closen geweckt worden sei und daß Max des öfteren an Clubsitzungen auf Closens Gut teilgenommen habe.

Hier in Frankfurt stehen andere Probleme zur Debatte; die Versammlung steht unter dem Druck der Unruhen in den Ländern Deutschlands, in Frankreich und Italien. Die ausländischen Blätter sind in ihren Kommentaren reserviert, teils ohne Verständnis für die deutsche Bewegung, die auch hier mächtig spürbar ist. Alle sprechen von einem einigen Deutschland und disputieren darüber, wie es zustande kommen kann.

Wer in diesen Tagen in Frankfurt Politik machen will, verkehrt in einem der Clubs, in denen sich die Abgeordneten und ihre Berater zusammenfinden. Im Deutschen Hof versammelt sich regelmäßig die gemäßigte Linke, die Republikaner finden dort ihre Gesinnungsfreunde; die radikalen Linken haben ihr Quartier im ‚Donnersberg' aufgeschlagen und parlieren laut über den neuen Geist, der sich draußen im Land kundtut. Die Rechte trifft sich im Café Milani, die Preußen sind dort am zahlreichsten. Das rechte Zentrum tagt im Casino, die Gemäßigten versammeln sich im Württemberger Hof. Im Casino und im Württemberger Hof fallen die eigentlichen Entscheidungen, es sind die politischen Routiniers aus den Kabinetten und Ministerien, die Kompromisse zu schließen wissen.

Herr von Closen ist häufig Gast im Casino, und auch im Württemberger Hof verkehrt er, um mit dem linken Zentrum Fühlung zu halten. In München war im März ein wichtiger Wechsel eingetreten, König ist nun Max II., der Closens Ideen von manchem Gespräch her kennt und schätzt. Closen hat in der Versammlung viele einflußreiche Freunde, vornehmlich unter den Süddeutschen und Österreichern; das Deutschland des Vormärz gibt dem Kreis um Closen die Hoffnung, daß die Idee des föderativen Nationalstaates sich in der Paulskirche durchsetzt."

Im Herbst beginnen die Beratungen über eine künftige Reichsverfassung. Es geht um drei Grundfragen: Großdeutschland mit Österreich oder das kleine Deutschland unter Preußens Herrschaft; Bundesstaat oder Einheitsstaat; Volksregierung oder Monarchie. Die „Mitteleuropäer" in der Versammlung bilden eine starke Gruppe, zu ihr gehört der Bundestagsgesandte Carl von Closen. Louis Denis trifft ihn des öfteren im Club der Pressekorrespondenten und berichtet ihm darüber, was die ausländischen Blätter über die Vorgänge in Frankfurt schreiben.

Closen vertritt die Triasidee, den politischen Lieblingsgedanken König Max II. Als dritte neutralisierende Kraft in Deutschland soll Bayern das Gleichgewicht zwischen den beiden deutschen Großmächten aufrechterhalten. Was Montgelas begonnen und unter Ludwig I. fortgesetzt wurde, soll nun zu einem großen politischen Werk vollendet werden. Auch darüber spricht Closen mit Louis Denis im Club. Closen lehnt Unitarismus und preußisches Erbkaisertum ab. Aus München hört man die Parole: Österreich die Zölle und den Handel, Preußen das Heer und die Vertretung nach außen, Bayern Wissenschaft und Kunst. Es gibt zahlreiche Schwarmgeister unter den Süddeutschen, die das gern hören. Im Café Milani, wo die Rechte sich trifft, weiß man genau, daß solche Träume nicht in Erfüllung gehen werden. Die Preußen im Café Milani reden offen von einem preußischen Erbkaisertum unter Friedrich Wilhelm IV. Der heißt bei den Schwaben „Gottesgnadenfritz", weil er immer von Gottes Gnade und Auftrag spricht. In Frankfurt werden zahlreiche politische Witze kolportiert, in den Blättern erscheinen bissige Karikaturen.

Louis Denis schreibt nach einem längeren Gespräch mit Herrn von Closen im Deutschen Hof in sein Tagebuch:

„Onkel Closen ist ein Philanthrop, ein gesitteter Kosmopolit ohne jene Arroganz, die manche ihre Herkunft vergessen läßt. Seine Weltoffenheit hat er von seinem Vater, der mit den Forbachs als hoher Offizier am amerikanischen Unabhängigkeitskrieg

Carl Heinrich Ferdinand Freiherr von Closen (1786 – 1856)

teilgenommen hat und über diesen Feldzug, über Land und Leute interessante Berichte schrieb. Closen besitzt eine Reihe dieser Schilderungen, die zum wertvollen Familienbesitz gehören.

In den Clubs finden sich die sonderlichsten Typen zusammen. Es gibt viel politisches Sektierertum, das sich hinter den Kulissen der Paulskirche herumtummelt; es sind helle Köpfe darunter, doch was darin rumort, sind Landschaften aus Morus' Utopia. So habe ich im Augsburger Hof, wo die Mitteleuropäer tagen, einen bärtigen Alten gehört, der lauttönend ein neues Weltreich ankündigte, das in Frankfurt geschaffen würde. Unsere Zeichner sind überall damit beschäftigt, solche Käuze zu konterfeien, in allen Clubs sind sie zu finden.

Die Einflußreichen und Mächtigen in der Versammlung und draußen in den politischen Gesellschaften sind wortkarg und arbeiten geräuschlos. Immer mehr verstärkt sich der Einfluß der Leute vom Café Milani, wo die Kaisermacher sitzen. Closen ist besorgt über diese Entwicklung.

In unserem Gespräch im Deutschen Hof war seine Hauptsorge die Zukunft Österreichs in Deutschland und Europa. Für Closen ist der Fortbestand Österreichs in staatlicher Einheit ein deutsches wie ein europäisches Bedürfnis. Er sprach darüber auch im Club; in dieser Frage stimmt Closen mit Gagern überein, auch in der Triasidee, die schon beim Wiener Kongreß auftauchte und sogar auf Goethe zurückgeht, der 1778 ein Gutachten darüber verfaßt hat. Es ist kein Mangel an guten Ideen zu einem Neubau Deutschlands, immer mehr aber tritt nackte Machtpolitik in den Vordergrund und erstickt jeden Ansatz zu Neuem.

Mein Weg führt täglich von meinem Haus an der Katharinenpforte nahe der Hauptwache über den Roßmarkt und den Hirschgraben zur Paulskirche und zu den Clubs rings um den Römer am Dom. Meine Wirtsleute sind reizende Menschen, die Leute haben mehr politischen Verstand als manche der Herren Professoren, der Verwaltungsräte und Kirchenleute, die viel Gescheites reden. Ich kenne nun schon ihre Lieblingsworte, wie ‚Sternstunde der Nation', ‚Volkssouveränität' und ‚die breiteste demokratische Grundlage'. Sie wollen alles verändern, die Dinge, die Menschen. Nur sich selbst zu ändern, was das Wichtigste wäre, damit alles sich ändern würde, daran denkt keiner von ihnen. Einer sprach Stunden darüber, über den Heilsweg zum Homo novus, und verlor auf diesem holprigen Heilsweg den rhetorischen Faden.

Closen, dessen Vorfahren seit dem 11. Jahrhundert auf Schloß Gern im Niederbayerischen ansässig waren und dessen Vater nach dem amerikanischen Freiheitskrieg im Jahre 1792 mit dem jungen Closen zur Erlangung einer Erbschaft wieder nach Bayern zurückgekehrt war, ist ein Parteigänger König Maximilians und der Münchner Politik in Frankfurt. Die ‚Münchner' treffen sich meist im Casino, im Württemberger Hof, im Augsburger Hof und in der Neuen Westendhalle; im Holländischen Hof und im ‚Donnersberg' treffe ich zuweilen unsere Leute, wie Culmann, Schüler und Kolb, die meist scharfe Reden führen. Wirth, der hier in seinem Kreis eine bedeutende Rolle spielte und den ich wegen seiner Aufrichtigkeit sehr schätzte, ist kürzlich mitten während seiner Arbeit hier im Parlament gestorben. Er war einer der ehrenwertesten Republikaner, die in der Minderzahl sind, aber wortstark und fortschrittsgläubig.

Ich fühle mich oft einsam und weiß nicht, wohin ich gehöre. Darüber habe ich öfters schon nachgedacht, ich spüre das auch bei den anderen aus unserem Landstrich. Vielleicht liegen alle unsere eigenen Probleme darin, daß unser Land zwischen dem Süden und Norden liegt, so hart an einer Grenze, die ich hier in Frankfurt bei allen politischen Debatten erkenne. Closen versteht mich und drängt mich nicht zu einer inneren Entscheidung. Ich weiß aber, daß ich zu seinem Kreis gehöre.

Die ausländischen Blätter sind in ihrem Urteil zwiespältig und auffallend zurückhaltend. Ein amerikanisches Journal brachte in englischer Übersetzung einen Auszug aus dem Tagebuch, das Closens Vater in den Jahren 1780 bis 1783 während der Feldzüge des französischen Expeditionskorps unter Rochambeau über das Leben in den Städten und auf dem Land in Nordamerika geschrieben hat. Closen freute sich, als ich ihm das Journal zeigte. Er besitzt das Original des Tagebuches, das sein Vater in Französisch verfaßt hat."

Die Hauptfrage der Sitzung des Parlaments am 25. Januar 1849 lautet: Das Reichsoberhaupt führt den Titel „Kaiser der Deutschen". Erbkaisler und Nichterbkaisler stimmten mit 214 gegen 205 für diesen Antrag. Am 28. März wird Preußens König Friedrich Wilhelm IV. mit einer kleinen Mehrheit zum Kaiser gewählt. In Frankfurt und überall in deutschen Landen läuten die Glocken und jubelt das Volk.

Ein preußenfreundlicher Abgeordneter aus dem deutschen Süden bemerkt an diesem Tag: „Von heute ab datiert sich die Teilung Deutschlands in Nord- und Süddeutschland und erst eine lange Zeit oder gar blutige Ereignisse werden es verketten." Ein Ausscheiden Österreichs, so heißt es im deutschen Süden, ist die erste Teilung Deutschlands und wird zu weiteren Teilungen führen.

Wenige Tage später, am 3. April, wird in Frankfurt bekannt, daß Friedrich Wilhelm IV. die Kaiserkrone nicht angenommen hat. Ein Berliner Abgeordneter schreibt einen Tag später: „Die Zustände des Vaterlandes sind trostlos; Berliner Belagerungszustand, der preußische Lumpenkönig; eine Handvoll preußischer Junker, des Königs Camarilla, ist noch mächtig genug, um dem neuerstehenden deutschen Geiste Hohn zu bieten."

Im Mai löst sich das Frankfurter Parlament auf, eine kurze Zeit tagt in Stuttgart noch ein Rumpfparlament. Überall in den deutschen Landen Enttäuschung und Auflehnung, in Dresden, in Baden und jenseits des Rheins. Über eine Million Deutsche wandern in diesen unruhigen Jahren aus.

Anfang Juni kehrt Louis Denis in das alte Haus an der Straße zurück. Im Land herrscht Aufruhr, er schreibt darüber an Closen und schweigt. Immer, wenn er die Straße geht, an der das alte Haus liegt und die sich weithin von Westen nach Osten hinzieht, sieht er die Bilder seines Lebens, und auch ihm ist es, daß an ihrem langen Ende sich der Horizont erhellt im Aufleuchten eines Sterns, der an klaren Abenden über der Paulskirche in Frankfurt stand.

Im Leben der Söhne Denis ist tausendfach jenes Gesetz wirksam, in dem die Lebensringe wachsen im Schnittpunkt von Raum und Zeit. Das Haus an der Straße steht in diesem Schnittpunkt, zugleich Mittelpunkt und Peripherie im Wechsel der Perspektiven. Ein Kaleidoskop in seinem Vexierspiel der bunten Farben und Figuren.

Alles Leben ist Begegnung gleich diesem Wechselspiel. Auch Christian Denis erlebt in der Begegnung eine andere und neue Welt, abseits der Straße und in einem anderen Schnittpunkt, der den Blick für das Besondere und Drohende weitet. Ihm öffnen sich die goldenen siebziger Jahre in ihrem Glanz: Der Traum der Deutschen vom Reich war Wirklichkeit geworden.

3.
Ein wahrer Europäer

Auch an diesem Maitag liegt die Straße in hellem Sonnenlicht, das feierlich stimmt wie der Boulevard Haussmann, an den sich Christian Denis immer wieder erinnert, wenn in ihm die Bilder aus den Tagen in Paris aufsteigen.

Die Straße hat in diesen Jahren viele Menschen gesehen. Kolonnen zogen von Osten her westwärts, lange, bunte Kolonnen mit fröhlich-bedrückten Gesichtern in den gestaffelten Reihen. Das Unbekannte, Drohende im Westen lag darüber.

Als alles vorüber war, zogen die Kolonnen vom Westen her über die Straße zurück, über den Rhein und weiter. Die Menschen an der Straße grüßten die Vorüberziehenden, als sie auszogen; sie grüßten bewegt und voller Stolz die Zurückkehrenden. Die Straßen und die Menschen schienen verändert, hatten ein völlig neues Gesicht.

Es hatte sich vieles verändert in dieser Zeit, obgleich die Landschaft, durch die sich die Straße weit bis an den Horizont zog, die gleiche geblieben war. Sie war nun geborgener durch eine andere Grenze, die jetzt weit im Westen lag. Der Alpdruck einer gefahrdrohenden Nähe war von der Straße und den Menschen gebannt.

Auch in dem alten Haus an der Straße waren die Menschen darüber glücklich.

*

Schon als Sechzehnjähriger hatte Christian Denis die Welt jenseits der Straße kennengelernt. Damals hatte er sich unbemerkt dem Train eines bayerischen Fußartillerieregiments angeschlossen und sich durch mancherlei Verrichtungen nützlich gezeigt. So blieb er bei der Kolonne, die über Nancy und Toul in Richtung Bar le Duc dem Kanonendonner nachgezogen war. Einhundertzweiundsiebzig Tage lang hatte die Truppe dann vor Paris gelegen; ein unvergeßliches Bild: die vergoldete Kuppel des Invalidendoms, Notre Dame mit ihren abgestumpften Türmen, das Panthéon, der Arc de Triomphe über dem weiten Häusermeer.

Bis Orléans und an die Loire war Christian Denis mit seiner Kolonne gezogen und war am 21. Juli 1871 vom Dorf Schwabing her mit seinem Trainzug durch das Siegestor in München einmarschiert.

Wenige Wochen später war er von dieser seltsamen abenteuerlichen Reise als Pferdejunge wieder in das alte Haus an der Straße zurückgekehrt, mit dem Kronenorden ausgezeichnet, der an Zivilpersonen für Verdienste verliehen worden war.

*

Die Jahre des Christian Denis nach den großen Tagen von Sedan und Versailles verliefen ruhiger. Er studierte das Baufach, ging auf die Wanderschaft und sah sich in den neuen Provinzen um. Straßburg erlebte als Hauptstadt der Reichslande eine glanzvolle wirtschaftliche Entwicklung, neue Industrien entstanden, neue Wohnblocks an der Orangerie und der Meinau bei Neudorf; von den fünf Milliarden Francs der französischen Kriegskontributionen flossen Millionen auch ins Elsaß. Die Rheinregulierung, der Hafenausbau, der neue Hauptbahnhof und die großen Bauten für die Universität sicherten Straßburg eine führende Stellung im süddeutschen Raum. Christian Denis sah in Straßburg auf eine anschauliche Weise die Ernte reifen, von der er damals in den Tagen vor dem belagerten Paris und nach „Versailles" so Überschwengliches gehört hatte.

Von dem alten Haus an der Straße über Weißenburg und Hagenau nach Straßburg ist kein allzu weiter Weg; die Landschaft und die Menschen ändern sich auf dem Weg unmerklich, und dann legt sich ein leichter Schleier des Fremden über die Städte und die Dörfer und die Menschen, die in den Häusern eine andere Sprache reden als draußen auf den Straßen und Plätzen. Die in Berlin und in Straßburg das Regiment führen, merken das kaum, oder sie wollen es nicht sehen. Christian Denis sieht die vielen Irrtümer und sucht einen Weg zwischen den unsichtbaren Fronten.

In der Krämergasse, nahe dem Münsterplatz und beim Alten Fischmarkt, im Haus einer verwitweten Kaufmannsfrau, wo Christian Denis ein Quartier findet, ist von all dem nichts zu spüren. Ihm ist nach der Ankunft in Straßburg wie dem jungen Goethe, der sich am Alten Fischmarkt eingemietet hatte und später von dem Eigenen, dem Angenehmen und Ahnungsvollen beim Blick in ein neues Land schrieb, das Ganze sei wie eine unbeschriebene Tafel.

In Straßburg mußte einer, der zur Gesellschaft gehören wollte und nicht als „Prussien" galt, sich einem der Cercles anschließen, zu denen nur Vertraute Zugang hatten. Christian Denis, dem die Leute und ihre Sprache nicht fremd waren, gehörte bald zu einem dieser Cercles, wo es an Samstagabenden Gratinée à l'Oignon und Choucroute Garnie Alsacienne in der „Goldenen Krone" am Alten Weinmarkt gab und man bei einer Flasche Reichenweierer Riesling bis in die späte Nacht saß. Selten wurde über Politik gesprochen, das Gespräch glitt dann ins Französische über und man sprach über die neueste Literatur aus Paris.

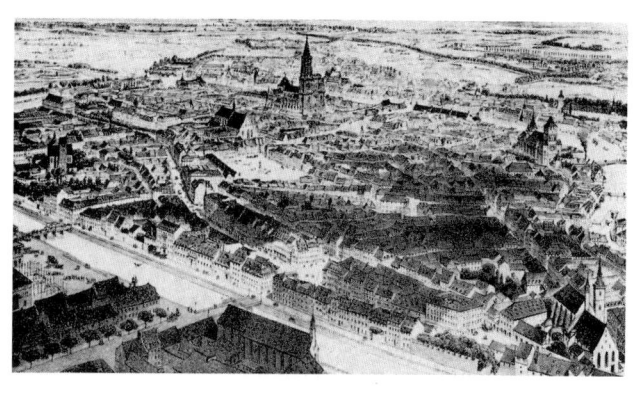

Straßburg um 1850.
Lithographie von David nach A. Guesdon.
Cabinet des Estampes, Musées de la Ville de Strasbourg.

Man traf sich nicht nur im Cercle, wo man eine alte gesellige Tradition pflegte und sich geistreich unterhielt, so darüber, ob Jonas im Bauch des Fisches Madame de Staëls Buch „De l'Allemagne" oder Balzacs „Eugenie Grandet" gelesen hätte, eine Frage, die in der letzten Predigt des Bischofs im Münster auf mehr theologische als literarische Weise angeklungen war. Solche absonderlichen Fragen interessierten mehr als neueste Depeschen aus Berlin, die manche Verwirrung stifteten. Nirgendwo im ganzen Reich reagierte man empfindlicher auf das Neue als hier an der Peripherie.

Man traf sich auch unterwegs irgendwo in dem Gasthaus eines Dorfes in der weiteren Umgebung Straßburgs. Bei diesem Brauch gab es mancherlei Überraschungen, es trafen sich dort Bekannte, die irgendwo in der Stadt wohnten und solche Begegnungen auf dem Land mehr liebten als den steifen Betrieb im Cercle.

Im „Anker" zu Sesenheim lernte Christian Denis nicht nur den älteren Herrn aus Straßburg kennen; es war eine lustige Gesellschaft auch junger Leute zugegen, die aus Straßburg nach Sesenheim gekommen waren und den Tag mit mancherlei Spielen und Tänzen fröhlich verbrachten. Was der ältere Herr über die Begegnung Goethes mit Friederike Brion im Pfarrhof zu Sesenheim, seine Liebe zu dem jungen Mädchen zu berichten wußte, hatte er wohl Goethes „Dichtung und Wahrheit" entnommen und weidlich ausgeschmückt. Von Goethe stammte eine Rötelzeichnung aus dem Jahre 1770, mit dem Pfarrhof. Sesenheim war, vor allem nach dem siebziger Krieg eine Art national-deutscher Weihestätte geworden.

Der ältere Herr aus Straßburg, der sich als Karl von Pfeffel vorgestellt hatte, erwies sich als vorzüglicher Plauderer, dessen Deutsch ebenso elegant und geschliffen war wie sein Französisch. Pfeffel stammte, wie Christian Denis später erfuhr, aus einer bekannten alten Elsässer Familie. Auch aus Straßburg

Eines der großartigsten Zeugnisse abendländischer Kultur ist das Straßburger Münster, ein Meisterwerk der gotischen Baukunst. Der Kunsthistoriker Georg Dehio schrieb über dieses steingewordene Wunder: „Das Münster ist unter den Bauwerken Straßburgs noch heute das, was es so viele Jahrhunderte schon gewesen ist: Das an Masse gewaltigste, durch geschichtliche Erinnerungen ehrwürdigste, den Bürgern teuerste, draußen in der Welt berühmteste."

wußte er manches Interessante zu berichten; seitdem die Berliner Regierung das „Reichsland" beherrschte, gab es manchen Anlaß für die Elsässer, die neuen Verhältnisse zu kritisieren. Die Elsässer haben immer gelernt, sich den politischen Verhältnissen anzupassen. Der Krieg war für sie eine Katastrophe der Pariser Regierung.

Immer wieder führen die Gespräche zurück in friedliche Zeiten, als Paris auch im Elsaß bestimmte, was Kultur und Mode ist, wer die Politik machte und welche Literatur und die philosophischen Ideen diskutiert wurden oder schon überholt waren.

Das ist nun anders geworden. Paris war nun nicht mehr bestimmend für Geschmack und Kultur und was in der Welt gedacht wurde. Das erfuhren die Elsässer aus den Berliner Gazetten, von den Dichtern und Denkern in den Salons. Nietzsche und sein zahlreicher Anhang träumten von dem Willen zur Macht. In den Amtsstuben der „Reichslande" hing das Bild des „Eisernen Kanzlers", auf den Regierungsgebäuden flatterte die Reichsfahne.

In Paris und in ganz Frankreich trauerte das Volk um die beiden verlorenen Provinzen: „Niemals vergessen!"

*

Der Name Pfeffel ist weit über das Elsaß hinaus im deutschen und französischen Kulturraum bekannt. Christian Denis erinnerte sich bei der Begegnung mit dem Straßburger Nachfahren der alten Familie Pfeffel dieses bekannten elsässischen Geschlechts, das urkundlich bezeugt aus der Reichsstadt Augsburg stammt und bis auf das Jahr 1627 zurückreicht.

1712 gründete ein Vorfahre Pfeffels in Augsburg den Kupferstichverlag „Andreas Pfeffel". Ein weiteres Mitglied der Familie Pfeffel, Johann Conrad, war im badischen Mundingen als Sohn eines Pfarrers geboren; er kam über Straßburg durch Vermittlung namhafter Gönner in französische Dienste und ließ sich in Colmar nieder, wo er 1738 starb. Seine beiden Söhne sind in Colmar geboren, Christian

Engelskopf am Straßburger Münster.

Friedrich am 3. 10. 1726, Conrad Gottlieb am 28. Juni 1736. Als Historiker und Diplomat wurde Christian Friedrich Pfeffel später zu einem der bedeutendsten Gelehrten im Elsaß des 18. Jahrhunderts.

Zeit seines Lebens war der in der ehemaligen Reichsstadt Colmar geborene Christian Friedrich Pfeffel in jenem einzigartigen Spannungsverhältnis zwischen lebendiger deutscher Vergangenheit und Liebe zur französischen Kultur und Lebensart. Colmar gehörte staatsrechtlich zu Frankreich. Pfeffel fühlte sich stets als Franzose und getreuer Diener seines Königs in Versailles. Sein heimatliches Erbe, sein protestantischer Glaube und seine Leidenschaft für Deutsche Geschichte waren ein starkes Bindeglied zu Deutschland. Diese enge Verbundenheit zu beiden Völkern machten den Elsässer Christian Friedrich Pfeffel zu einem wahren Europäer.

*

Christian Denis erinnerte sich an das Gespräch mit dem Nachfahren der beiden Brüder Pfeffel; was ihn besonders interessierte, war die Erwähnung des umfangreichen schriftlichen Nachlasses von dem Historiker und Diplomaten Christian Friedrich, der in seinem diplomatischen Leben weit in Europa herumgekommen war. Schon immer interessierte Christian Denis das Leben des Gelehrten aus Colmar, das gerade für die elsässische Gegenwart eine symbolische Bedeutung hatte. Welche wertvollen Schätze aus diesem reichen Leben mußten in den staatlichen und privaten Archiven in Straßburg, Colmar, Paris, München und Wien aufbewahrt werden und der Auswertung zugänglich sein! Christian Denis besuchte bald schon seinen neuen Bekannten in seinem Haus in Straßburg, in dem er einen treuen Freund fand. Er eröffnete ihm seinen Plan, über Christian Friedrich Pfeffel und seine Zeit ein Lebensbild zu entwerfen und seine Stellung in der französischen und deutschen Kultur durch literarische Zeugnisse zu belegen. Pfeffel sagte freudig zu, zwi-

Christian Friedrich Pfeffel, Historiker und Diplomat. Geboren 3. 10. 1726 in Colmar, gestorben 20. 3. 1807 in Paris.

schen Christian Denis und dem Nachfahren Christian Friedrich Pfeffels entstand ein herzliches Verhältnis, Christian Denis stand die umfangreiche „Familien-Chronik Pfeffel" zur vollen Verfügung.

Der aus Colmar stammende Historiker und Diplomat Christian Friedrich Pfeffel war, wie die Chronik offenbar bezeugt, ein weithin in Europa bekannter Gelehrter und Autor. Anders als sein Bruder Gottfried Conrad, der als elsässischer Dichter und Pädagoge im deutschen Sprachraum bekannt war, galt Christian Friedrich als ein hochgebildeter Diplomat mit vorzüglichen Sprachkenntnissen und einer Klugheit, die an allen Höfen Europas geschätzt wurde. Als Historiker hatte der Diplomat Pfeffel großes Ansehen im Kreise der Geschichtsforscher, vor allem mit seinen historischen Schriften zur bayerischen Geschichte. König Ludwig XVI. hielt sehr viel auf Pfeffel, den der Minister Vergennes in Versailles „mes archives vivantes" nannte.

In der „Familien-Chronik Pfeffel" fand Christian Denis über Christian Friedrich Pfeffel wichtiges dokumentarisches Material über seine Studienjahre in Straßburg, wo er sich vor allem mit historischen Studien befaßte; an der Universität Straßburg nahm Pfeffel als Tischgenosse des Geschichts- und Altertumsforschers Schöpflin teil. Schöpflin arbeitete in Straßburg an seiner „Alsatia illustrata", und Pfeffel machte Quellenforschungen für Schöpflin.

Für den angehenden Historiker und Diplomaten Christian Friedrich Pfeffel waren die Studienjahre in der weltoffenen und geistig führenden alten Reichsstadt Straßburg der Beginn einer glanzvollen Karriere als Historiker und Diplomat in Frankreich und Deutschland.

*

Christian Denis begann seine Arbeit über den Elsässer Christian Friedrich Pfeffel unter dem Leitwort: „Ein wahrer Europäer" mit großem Eifer. In dem schriftlichen Nachlaß fand er zahlreiche Notizen, Briefe und Unterlagen über dessen Tätigkeit als

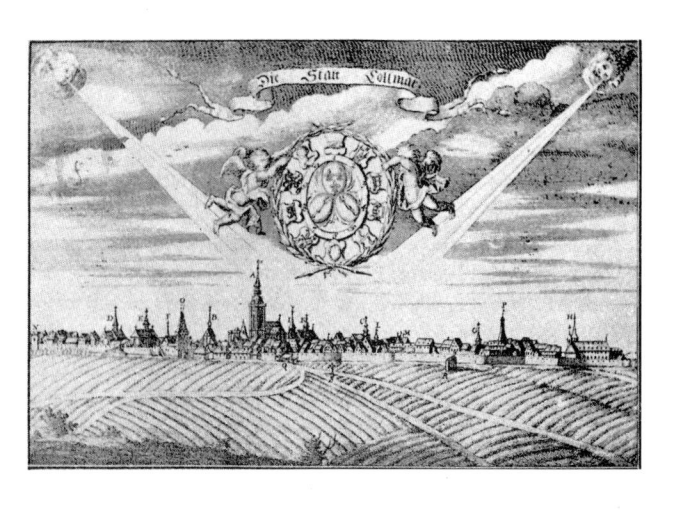

Die Stadt Colmar im Jahre 1737. Alter Stich.

Historiker und auch als Diplomat am Hofe von Versailles. Was Christian Denis in erster Linie an allen Aufzeichnungen Pfeffels interessierte, waren dessen Auffassungen über Politik und Kultur seiner Heimat, des Elsaß, die Haltung seiner Bewohner gegenüber Frankreich und Deutschland, über kulturelle und sprachliche Unterschiede; offenbar suchte Christian Friedrich Pfeffel als Elsässer immer wieder zwischen den beiden Völkern Gegensätze auszugleichen, eine Aufgabe, die ihm als Diplomat besonders lag. Dabei half ihm wohl auch das Heitere, Bewegliche und Aufgeweckte des allemannischen Naturells.

*

Das 18. Jahrhundert führte Frankreich und Deutschland zu einer geistigen Blüte, die in ihrer nationalen Klassik gipfelte. Eine radikale Umgestaltung der Gesellschaft trieb Frankreich in die Revolution, die von großen Geistern wie Rousseau, Voltaire, Molière und anderen vorbereitet wurde. In der Kunstfertigkeit des Erzählens stand Frankreich an der Spitze; in Deuschland setzten die Klassiker hohe sittliche Normen, die die Freiheit des Geistes verkündeten. In den Salons von Paris wurden die kühnen Ideen von einer besseren Welt diskutiert. In Deutschland waren Weimar und die zahlreichen Kulturzentren Mittler eines hohen Geistes. Es war das Jahrhundert der Seelenbekenntnisse, die in zahllosen „Öffnungen des Herzens" Trost fanden. An den Universitäten und Hochschulen erstarkte der Geist der wissenschaftlichen Freiheit. So auch in Straßburg im Achsenkreuz der beiden großen Völker. Straßburg war, als Goethe und Herder dort ihre Ideen verbreiteten, eine Blütestätte hoher Kultur. Christian Denis, der einige Semester in Straßburg studiert hatte, fand in den hinterlassenen Schriften Christian Friedrich Pfeffels Zeugnisse dieser weltoffenen Gelehrsamkeit.

Christian Denis fand immer wieder historische Zusammenhänge bei seinen Betrachtungen über die

Zeit, in der Christian Friedrich Pfeffel seine Studienjahre in Straßburg verbrachte. In den Aufzeichnungen Pfeffels über seine Zusammenarbeit mit seinem Lehrer Schöpflin kommt immer wieder die Freude und Begeisterung über die wissenschaftlichen Ergebnisse der Zusammenarbeit mit dem Gelehrten Schöpflin zutage; mit Stolz konnte er die Ergebnisse seiner Aufzeichnungen vorlegen. Diese Zusammenarbeit als Assistent Schöpflins in den Studienjahren ließ mehr und mehr erkennen, daß für Pfeffel das mitgeschöpfte große wissenschaftliche Werk „Alsatia illustrata" jenem großen Ziel diente, seiner Heimat, dem Elsaß, sowohl in Frankreich, wie vor allem auch in Deutschland, Ansehen und Ruhm zu verschaffen. Es war die Grundlage für seine späteren großen Erfolge als Historiker und Diplomat. Seine Studienjahre als Mitarbeiter Schöpflins in Straßburg wurden maßgeblich für das Lebenswerk des Elsässers Christian Friedrich Pfeffel.

*

Aus dem unfangreichen schriftlichen Nachlaß Pfeffels in Straßburg ging hervor, daß er sich in seiner Jugend mit vielerlei Wissenschaften und Künsten befaßt hatte, vor allem auch mit Sprachen, die er später auf den zahlreichen diplomatischen Reisen pflegte. Er las viel; von seinem Großvater hatte er offenbar den ihm eigenen Sarkasmus geerbt, mit dem er seine geschliffenen Reden würzte. Pfeffel hatte genaue Kenntnis über die neueste Literatur, besaß eine reiche Bibliothek, bevorzugte Geschichtswerke und Memoiren und hatte ein ausgezeichnetes Gedächtnis für Geschichtszahlen. Die Pfeffels waren Männer der Wissenschaft, doch hatte Pfeffel auch in den Künsten und der Literatur einen erlesenen Geschmack. Er kannte weite Stellen der Psalmen Davids, des Koran, Homers Ilias und Odyssee, Miltons Verlorenes Paradies und die französischen Klassiker. Auch die Babylonischen Heldensagen und die Hochzeit der Alten ägyptischen Könige waren ihm bekannt.

Es war Pfeffels heimlicher Kummer Zeit seines Lebens gewesen, daß er die köstlichen Früchte der Dichtung genießen, es aber selbst zu keiner originellen musischen Zeile hatte bringen können. Er war ein Liebhaber, der in fremden Gärten wandelte, was ihn nur wenig über den mangelnden Besitz hinwegtröstete.

*

Der Sedanstag am 2. September mit seiner frühherbstlichen Schönheit wird in ganz Deutschland überall auf den Straßen und Plätzen in einem nationalen Rausch gefeiert; es gibt an diesem Siegestag große Aufmärsche und feierliche Reden, vom Sieg über den „Erbfeind", wie man das Nachbarvolk im Westen nennt, das Volk jubelt in den Straßen, die an große Schlachten erinnern: Spichern, Wörth, Gravelotte, Weißenburg, vor allem Sedan, Orléans, Paris.

In Straßburg, der Hauptstadt der Reichslande, bleibt der Jubelgesang verhaltener, als wollten die Sieger nicht provozieren. Nur die offiziellen Gebäude sind reichlich beflaggt; in den Vororten ist es ruhig, nur einige wenige „Siegestrunkene" sind unüberhörbar und singen patriotische Lieder.

Bismarck, so veröffentlichte eine Gazette einen Bericht aus Berlin, hatte einen Traum, er sah eine Karte von Deutschland, darin tauchten faulige Flecken auf, einer nach dem anderen blätterte ab. Es gab immer wieder solche sonderbaren Geschichten, die die Langeweile der Provinzgazetten auflockern sollten. So ein politisch aufgezäumter Gerichtsprozeß, über den die Zeitungsleute ausführlich berichteten. Es ging um eine Hundegeschichte, eine riesige deutsche Dogge, die sich an ein zierliches Pudelweibchen heranmachte. Die Hundekomödie geriet in die große Politik; Shou-Shou, der Liebling einer Dame aus besten elsässischen Kreisen, wurde schwanger. Beschuldigter: Das Hundescheusal hatte bei Shou-Shou Erfolg; eine Entscheidung von höchster Stelle in Berlin war notwendig geworden. Die Geschichte war deutscherseits beigelegt: Quintilius Varus erhielt wegen eines Bisses der jungen Pudeldame ein geringes Schmerzensgeld, das aus dem Fünf-Milliarden-Fonds Kriegskontribution Frankreichs stammte.

Christian Denis sammelte solche Berichte aus der Toten Zone der Menschlichkeit. Er erinnerte sich an ein Wort des Kaisers Marc Aurel: „Wie lächerlich und weltfremd ist der, der sich über irgend etwas wundert, was im Leben vorkommt."

*

Christian Denis lebte in diesen Jahren der Niederschrift seiner Pfeffel-Biographie völlig zurückgezogen in Straßburg; alles um ihn herum, die Veränderungen in der Politik der neuen Reichslande, das Leben der Menschen, das in Generationen nach dem Westen gerichtet war, nun aber sich völlig neuem anpassen mußte, beobachtete Christian Denis mehr aus der Ferne. Es ist die Zeit Mitte des 19. Jahrhunderts in einem Europa, das sich in einer tiefen Wandlung der Gesellschaft befand. Das Leben schien erstarrt und doch in Bewegung. Was einst eingefangen schien in einer festen Ordnung, unterliegt nun in einer Umwandlung der Werte, die auch eine neue Ordnung prägte. Das neue Europa hat eine andere Vorstellung vom Sinn der Dinge erhalten. Der mächtige Fortschritt in Industrie und Wirtschaft zeigt Auswirkungen auf die gesamte Gesellschaft, die Erfolg im Reichtum sieht. Auch die elsässische Metropole erlebt diesen Wandel in einem bedenklichen Ausmaß.

In dieser sich völlig wandelnden inneren und äußeren Ordnung sieht Christian Denis in eine Welt zurück, die hundert Jahre reicht in das 18. Jahrhundert, in dem Christian Friedrich Pfeffel lebte und sein Jahrhundert mitgestaltete. In den Aufzeichnungen und Briefen, den Tagebüchern und seinen diplomatischen Berichten, vor allem aus Paris und

München, wird das 18. Jahrhundert lebendig; es ist jene Epoche, in der die großen Völker Europas vor einem neuen kriegerischen Konflikt standen und der Diplomat Pfeffel von Versailles aus die diplomatischen Fäden an den Höfen von Wien, München, Potsdam und Petersburg im Dienste Frankreichs zog. Was Paris unter allen Umständen zu verhindern suchte, waren die politischen Interessen Wiens, das in Schlesien eine Provinz an Preußen verloren hatte und durch eine Annexion Bayerns sich schadlos halten wollte. Nur durch das Eingreifen des „Deutschen Fürstenbundes" unter Führung des preußischen Königs Friedrich II., konnte 1785 ein Krieg in Europa vermieden werden. Pfeffel war es, der diese Entwicklung mitentschied, was sein Ansehen als Diplomat außerordentlich förderte.

Wie groß Pfeffels Ansehen in Frankreich und Deutschland auch als Historiker war, zeigt seine Mitarbeit an der Bayerischen Akademie der Wissenschaften in München. Die Bayerische Akademie der Wissenschaften wurde im Jahre 1751 von Kurfürst Maximilian III. von Bayern gegründet; Christian Friedrich Pfeffel war seit 1762 Mitglied, vorrangig mit der Sammlung und Edition der „Monumenta Boica" befaßt.

Von 1758 bis 1761 arbeitete Pfeffel in französischem Dienst und vertrat sein Land im Reichstag zu Regensburg.

1761 trat Pfeffel in den Dienst des Herzogs Christian IV. von Pfalz-Zweibrücken, seines Taufpaten, der ihn zum Residenten von München ernannte. Hier verschafften ihm seine historischen Untersuchungen zur bayerischen Geschichte 1763 die Wahl zum Director der historischen Classe der neuerrichteten Akademie. An den Monumenta Boica nahm er insbesondere durch Erforschung der in den Klöstern verwahrten Urkunden wesentlichen Anteil. 1767 wurde er wieder nach Versailles berufen und erhielt die einst von seinem Vater geschaffene Stelle eines Jurisconsulte du Roi.

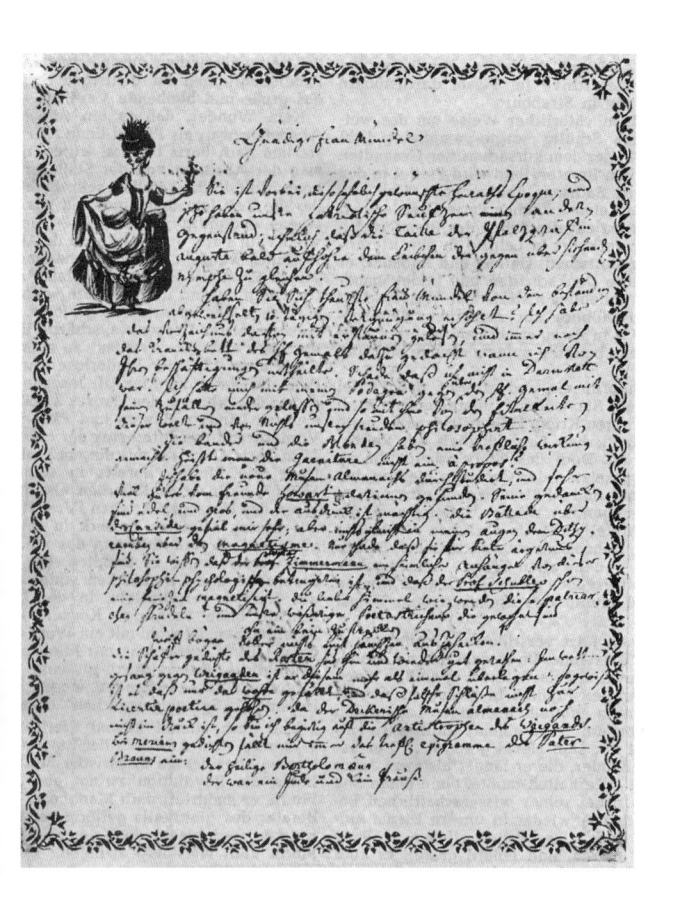

Brief Pfeffels an sein Mündel.
Unter den historischen Dokumenten im Geheimen Staatsarchiv in München befinden sich im einstigen „Zweibrücker Archiv" zwei private Originalbriefe des französischen Diplomaten Christian Friedrich Pfeffel an sein Mündel Friederike Louise von Hofenfels, die Gattin des pfalz-zweibrücker Diplomaten Johann Christian von Hofenfels. Diese beiden Briefe sind kostbare Zeugnisse der Kunst des Briefeschreibens. Die Zeitdokumente aus dem 18. Jahrhundert zeugen von dem herzlichen Verhältnis des Mündels zu seinem väterlichen Vormund.
(Foto: Werner Ernst)

Dann kam die Französische Revolution. Pfeffel ersuchte 1792 um Entlassung aus dem Dienst und verlor seine Landgüter, vor allem sein Vermögen im Oberelsaß. Er lebte in Mannheim, bis ihn 1799 der Krieg zwischen Frankreich und Österreich zwang, nach Nürnberg überzusiedeln. Als Ritter der Ehrenlegion und Mitglied der Commission für die Rheinschiffahrt verlebte Pfeffel nach seiner Rückkehr nach Paris die letzten Jahre seines Lebens in behaglichen Verhältnissen, von seiner Frau gepflegt, wie er in einem Brief bemerkt. Am 20. März 1807 starb Christian Friedrich Pfeffel im Alter von 81 Jahren in Paris. Seine Grabstätte ist unbekannt.

Von seinen Söhnen ist Christian Hubert, Baron Pfeffel von Kriegelstein, geboren in Straßburg 1765, gestorben 1835 als bairischer Gesandter in Paris, mit der „These Limes Galliae", Straßburg 1785, schriftstellerisch aufgetreten.

Gottlieb Konrad Pfeffel, geboren am 28. Juni 1736, gestorben am 1. Mai 1809, war der Bruder von Christian Friedrich Pfeffel, dem gleichfalls in Colmar geborenen Historiker und Diplomaten. Gottfried Konrad ist 1758 erblindet; er schuf Fabeln, Verserzählungen, Epigramme, Episteln, Romane und Gedichte. Als Dichter, Übersetzer und Pädagoge war er in Deutschland und Frankreich weithin bekannt und geachtet.

*

Christian Friedrich Pfeffel wurde allseits, in Frankreich und Deutschland, als Gelehrter und Diplomat hoch geehrt. Er erlebte seine Zeit, das 18. Jahrhundert, in dem der Gelehrte und Diplomat Pfeffel seinem Land als getreuer Untertan und später als Bürger diente. Im Schnittpunkt Europas von Grenzen und Herzen blieb er seiner Heimat, dem Elsaß, stets treu. Er liebte und verehrte in Frankreich und Deutschland den gemeinsamen Ursprung. Ein wahrer Europäer!

Fast im Kreuzungspunkt der Linie Paris – Wien und Berlin – Rom liegt München. Vielleicht machte das seinen besonderen Reiz seit Generationen aus: diese Lage in einem der wichtigsten Schnittpunkte Europas. Auch daß diese Stadt gleichsam die Summe dessen bildet, was im weiten Bogen von Paris über Rom bis Wien zur Mitte ausstrahlt, mag zu dem Besonderen beitragen, das mehr wiegt als das Gewirr der Stilnachbildungen, die nicht fremd wirken.

Diese Stadt ist für eine neue Generation Sammelpunkt kritischer Geister. Viele werden von dem Neuen eines Aufbruchs der Ideen magisch angezogen. Unter ihnen einige der Besten aus dem Landstrich, durch den sich die Straße hinzieht.

Einer von ihnen, Hugo Ball, schildert den Aufbruch: „Die Jugend von 1912 hat den guten Haß gegen alles, was starr ist: voll Verachtung dessen, was aus Prinzip starr erhalten wird."

Der andere malt seine Visionen von dem Kommenden, Erahnten: Chiffren, Verwerfungslinien zweier Epochen. Es ist das München des Jahres 1912.

4.
Ahnungen

Unter denen, die in München ihren Weg machen wollten, war auch Thomas Denis. Vom Studium der Medizin in Heidelberg war er abgekommen und hatte sich für einige Semester Kunstgeschichte bei Heinrich Wölfflin in München entschieden. So fuhr er an einem späten Herbsttag in die bayerische Hauptstadt.

Unterwegs lernte er einen Mann kennen, der aus dem Elsaß stammte und seit einigen Jahren als Schriftsteller in München lebte. Für Thomas Denis war diese Begegnung mit einem Fremden, der das literarische Leben und den Kunstbetrieb in München offenbar bestens kannte, ein hoffnungsvoller Anfang. Der aus dem Elsaß stammende Fremde hieß René Prévot und hatte als Feuilletonist in literarischen Kreisen einiges Ansehen, hatte Beziehungen zu einflußreichen Leuten und war durch sein geselliges Wesen beliebt.

Zwischen Karlsruhe und Stuttgart bekam Thomas Denis einen reizenden Einblick in die Schwabinger Bohème; kurz vor München wußte René Prévot den Reisegefährten davon zu überzeugen, daß er dabei sei, sein junges Leben zu einem seltenen Höhepunkt zu führen.

*

Thomas Denis fand ein Quartier in der oberen Kaulbachstraße, dem langen Straßenzug, der sich parallel zur Ludwigstraße nahe dem Englischen Garten hinzieht und von Literaten und Kunstjüngern als Wohnsitz bevorzugt wurde. Im Nebenhaus befand sich die Redaktion des „Simplizissimus", dort wohnte auch Ferdinand von Reznicek, der Zeichner des „Simpl", bis zu seinem Tod. So befand sich Thomas Denis, von René Prévot auf das liebenswürdigste unterstützt, nahe dem Pulsschlag des musischen München.

In Heinrich Wölfflin fand er den Meister der Darstellung kunstgeschichtlicher Grundbegriffe. Die Vorlesungen im Auditorium maximum waren meist überfüllt; Wölfflin faszinierte in Stil und Gebärde, wobei sein Baseler Tonfall angenehm wirkte.

Abends saß die Jüngerschaft Wölfflins bei Papa Steinicke in der Adalbertstraße oder im „Simpl" in der nahen Türkenstraße, wo die Literaten und die Maler beisammen waren und weltverbessernde Pläne schmiedeten. Da gab es eine Menge Originale, die zum Jagdrevier René Prévots gehörten. René kannte sie alle, wußte sie in seinen „Skizzen" für literarische Blätter treffend zu schildern.

René Prévot war einst mit dem jungen René Schickele von Straßburg nach München gekommen, hatte Germanistik studiert, und gehört seit Jahren zum Fürmann-Kreis in der Belgradstraße. Wer bei Heinrich Fürmann wohnte, in dieser länd-

René Prévot
geb. 1880 Moosch/Elsaß, gest. 1955 München.
Schriftsteller, Essayist.
Bedeutender Vertreter des literarischen Schwabings.
(Porträtrelief: Carl Schuster)

lichen Pension im Norden Münchens mit ihren unnachahmlichen Festen, gehörte zur Bruderschaft der Erwählten. René war einer von ihnen.

René war häufig in der Redaktion des „Simpl", und so lernte Thomas Denis die Leute vom Simpl-Kreis kennen. Diese verkehrten meist bei Kathi Kobus im „Simpl" an der Türkenstraße, kamen nach nächtlichen Redaktionssitzungen bei T. T. Heine in der Theresienstraße, bei Olaf Gulbransson in seinem Haus am Englischen Garten oder auch in der Keyserling'schen Wohnung in der Ainmillerstraße zusammen. Bei solchen Sitzungen und Zusammenkünften wurden die Themen der nächsten Hefte diskutiert, wobei Gulbransson zuweilen altnordische Lieder zur Laute sang.

Im „Simplizissimus" und auch in der „Jugend" spiegelten sich die großen weltpolitischen Ereignisse als satirische Marginalien wider; irgendwo im Balkan war Krieg, man sprach in ganz Europa von Krieg und erhöhte überall die Heeresausgaben. Die literarischen Revoluzzer in München wehrten sich gegen die Knebelung des Geistes, im „Simpl" erschien der Alte Fritz auf dem Titelbild mit dem Text: „Diese Leute feiern mein Gedächtnis, aber meine Gedanken schleppen sie vor den Staatsanwalt." Olaf Gulbransson hatte das Titelbild zum 24. Januar, dem 200. Geburtstag des großen Königs von Preußen, gezeichnet.

Die Literaten und die Künstler in den Cafés und Ateliers schrieben und malten bereits die Chiffren einer neuen Zeit, mit der Angst des Untergangs unter der Maske. Thomas Denis sprach darüber mit René Prévot, mit dem er die Cafés und die Ateliers der Maler aufsuchte, wo die heimlichen Verschwörer gegen die verachteten Bourgeois ihre Heilsideen proklamierten.

An einem Abend im Winter fand sich eine Gruppe der Wölfflin-Schüler im Atelier des Malers Albert Weisgerber an der Augustenstraße zusammen. Weisgerber galt als Führer der modernen Malerei in München und arbeitete als Zeichner bei der „Jugend" mit. Nicht nur in Künstlerkreisen genoß Weisgerber Ansehen, er war auch in den literarischen Clubs gern gesehen und verkehrte bei den „Jungen Krokodilen", einem Dichterkreis um Artur Kutscher und Karl Henkell.

Bei der Begegnung an diesem Abend entdeckten Albert Weisgerber und Thomas Denis Gemeinsamkeiten der Sprache und Herkunft. Weisgerber hing sehr an allem, was ihn an die Jahre seiner Jugend erinnerte; im Atelier an der Augustenstraße wurden die Erinnerungen in dieser Nacht lebendig und führten schnell zu einem freundschaftlichen Verhältnis des Malers zu dem weit jüngeren Wölfflin-Schüler.

Albert Weisgerber malte zu dieser Zeit an einem Selbstbildnis, im Bademantel, mit einem finsteren, fast schmerzlichen Ausdruck im Gesicht. Thomas Denis schien es bei der ersten Begegnung mit dem Maler, daß dieser trotz seines heiteren Wesens, das er nach außen zeigte, einen Ausdruck des Resignierens hatte. Das Selbstbildnis hatte einiges von den Zügen des Jeremias, den Weisgerber zuvor in immer wieder neuen Deutungen gemalt hatte. Es war in allen diesen Bildern etwas Unheimlich-Düsteres, das auch den Maler umgab, wenn er über die Zukunft sprach.

An den Abenden jedoch, die sie gemeinsam im Ratskeller bei den „Jungen Krokodilen" verbrachten und mit den Freunden Weisgerbers zusammensaßen, war dieses Düstere und Fremde wie weggewischt. Klabund rezitierte aus seinen Gedichten, die Lyriker waren in der Überzahl und wurden gefeiert.

Auch im „Simpl" an der Türkenstraße rezitierte Klabund Balladen und Chansons, wie Ringelnatz, Wedekind und die anderen aus dem Simpl-Kreis. Unter den Zuhörern im „Simpl" befanden sich des öfteren auch Thomas Mann, Bruno Frank, Carl Sternheim und andere aus Münchens literarischer Elite.

Wenn Albert Weisgerber am späten Abend noch einmal in sein Atelier an der Augustenstraße zurückkehrte, ging er mit wildem Arbeitseifer beim Schein einer Petroleumlampe ans Werk; er war sehr selbstkritisch, und wenn er gegen Morgengrauen das Bild fertig hatte, stellte er es mit der Bildseite zur Wand, um es erst nach Wochen wieder hervorzuholen.

In diesen Wintertagen malte Weisgerber am Kleinhesseloher See im Englischen Garten eine Gruppe Eisläufer. Der See mit eislaufenden Gruppen, die winterliche Landschaft im Englischen Garten reizten den Maler immer wieder zu impressiver Darstellung. Das großformatige Gemälde mit den hohen Häusern im Hintergrund gefiel Wilhelm Hausenstein besonders, der Weisgerbers Schaffen seit ihrer ersten Begegnung an einem Pariser Frühlingstag vor sechs Jahren auf dem Boulevard des Capucines mit der ihm eigenen Anteilnahme an künstlerischen Dingen verfolgte.

Der Englische Garten gehörte zu Weisgerbers bevorzugten Spazierwegen. Hier fand er nach tagelanger harter Arbeit zu sich selbst zurück, und wenn ihn Thomas Denis zum Chinesischen Turm und zur Aussicht auf den Monopteros begleitete, löste sich das Schweigen in zunächst munterer Unterhaltung, die dann zu einem ernsten Thema führte. Ihn beschäftigte die Gestalt des Sebastian, die er im letzten Sommer während seines Aufenthaltes in Schwarmstedt-Gilden in der Lüneburger Heide erneut gestaltet hatte. Schon im „Sebastian im Walde" hatte Weisgerber vor zwei Jahren das Thema behandelt, es hatte ihn immer wieder beschäftigt.

Ihnen beiden, Weisgerber und Thomas Denis, war vieles im Wesen gemeinsam, so das besondere Interesse an den Werken der Weltliteratur. Weisgerber kannte alle bedeutenden Bücher, von der Bibel bis zu Balzac und Wedekind; er hungerte förmlich nach Erkenntnis der Dinge in ihrem tiefsten Kern. Dostojewskis Großinquisitor entsprach ganz seiner sinnenhaften Vorstellung von den drei Fragen an die Regierenden, die Oberpriester, Gelehrten, Philosophen und Poeten. Die Fragen des Versuchers in der Wüste sollten einmal Thema eines Bilderzyklus' sein, alles das wollte Weisgerber zu einem malerischen Mysterium des menschlichen Seins gestalten. Sein Hang zum Bedeutenden verdrängte die inneren Bilder in die Sphäre des Literarischen, eine Gefahr, die ihm bewußt war.

Über die Gespräche mit Albert Weisgerber zu dieser Zeit im Englischen Garten schrieb Thomas Denis in sein Tagebuch:

„Wir unterhielten uns gestern auf dem Weg zum Aumeister über Weisgerbers Bild, das Pferd mit den Alten im Wald. Weisgerber hat ein eigenes Verhältnis zur Natur, sie bildet auf dem Gemälde mit den drei Menschen und dem Pferd eine kreatürliche Einheit; dabei kam Weisgerber auf die Pferdebilder von Franz Marc zu sprechen, auf die Verschiedenheit der künstlerischen Auffassung, die bei Marc zu einer Animalisierung der Kunst führte. Weisgerber geht es immer um das Humane, er stellte in dem kürzlich gemalten Bild den Sebastian nackt an einen Baum, im Hintergrund das Pferd mit dem Reiter. Im Sebastian, mit dem er sich ganz identifiziert, wird das Tief-Religiöse im Wesen Weisgerbers sichtbar: das bewußte Erleiden des Schicksals, dem der in seiner Seele unverletzbare Jüngling offen entgegenblickt. Weisgerber befaßt sich viel mit den östlichen Religionen, dem Buddhismus und den Lehren des Konfuzius, die ihn tief beeindruckt haben und manches zur inneren Erneuerung des Christentums beitragen könnten. In allem, was er denkt und empfindet, sucht Weisgerber sich von dem Wirklichen zu lösen, wird Stoff zum Geist, wie ein Kritiker kürzlich über den Jeremias vor dem Zug in die Babylonische Gefangenschaft schrieb, den Weisgerber in diesen Wochen vollendet hat.

Wir sprachen auch über andere Dinge. Weisgerbers lebhaftes Naturell und seine vielseitigen Interessen führen uns zu immer neuen Gesprächsthemen. Obgleich er allem Politischen fast fremd gegenübersteht, sieht er die Entwicklung in Europa und in Deutschland kritisch; das Jeremias-Bild ist für ihn symbolhaft: vom Paradies führt der Weg der Menschheit zur Figur des Wächters, der die Gezeichneten, die Rettungslosen unerbittlich in die Lager der Gefangenschaft treibt. So fühlt sich der Maler in der Babylonischen Gefangenschaft, gefangen in einer Ordnung, die nicht Ordnung sein kann.

Weisgerber hat kein Verhältnis zur Macht, darum sind ihm das Bismarck'sche und das Wilhelminische Reich innerlich fremd, fratzenhaft und nur der Macht verfallen. In seinem Jeremias ist das Hoffnungslose des Propheten zu spüren; als wir kürzlich das Bild im Atelier hervornahmen, nahm Weisgerber die Bibel zur Hand und las das Jeremias-Wort: ‚Eben wie man eines Töpfers Gefäß zerbricht, das nicht kann wieder ganz werden, so will ich dies Volk und diese Stadt auch zerbrechen; und sie sollen dazu im Thopheth begraben werden, weil sonst kein Raum sein wird, zu begraben.'

Weisgerber scheint einen besonderen Sinn für das Kommende zu haben. Er lebt seit Jahren in dieser Stadt, in der die ‚Siegestrunkenen' selten sind. Er und seine Freunde haben sich eine eigene Welt errichtet, von der sie in den Cafés und in den Ateliers reden, von der sie träumen, schreiben und malen. Es sind Träumer und Heilskünder, die den Aufbruch in eine neue Zeit verheißen. Im Café Stephanie an der Theresienstraße zeigte mir vor einiger Zeit ein bärtiger Reformer sein Manuskript, das den Titel trug ‚Der Neue Staat'; darin hieß es, den neuen Staat sollte ein Dichter ersinnen, ein Denker planen, ein Künstler bauen und ein Reformator predigen. Er sollte eine heilige Aufgabe sein und das Göttliche Pate stehen mit dem Gesetz seines Reiches: Weisheit, Gerechtigkeit, Güte.' Das neue Jahrhundert müsse, so hieß es in dem Manuskript des Weisen, endlich die Bilanz des 19. Jahrhunderts ziehen, ‚bauen wir das neue Haus!'.

Solche Schwarmgeister machten einigen Eindruck auf Albert Weisgerber; in seinen Gedanken über das Neue, das Kommende, an das er fest glaubt, ist viel Glut, die zu Asche wird, wenn ihm das harte Mißverhältnis zwischen Macht und Geist bewußt wird. Weisgerber ist kein ästhetischer Intellekt wie Erich Mühsam, den er mir vor kurzem im Stephanie vorstellte, dessen Berliner Dialekt so scharf klang wie seine Kritik an den bestehenden Verhältnissen.

Mit Mühsam diskutierte Albert Weisgerber den ganzen Nachmittag über die Freiheit und das egalitäre Prinzip, wie es die Jakobiner seit Marat und Robespierre vertraten. Mühsam suchte Parallelen zur Gegenwart und stellte der Autorität der Herrschenden die Herausforderung der die Freiheit schaffenden Gleichheit aller entgegen. Dem widersprach Weisgerber, ihm war der Geist des Unbotmäßigen im Aufruhr der Engel, im Sündenfall und bei Prometheus Zeichen des Verfalls, des Zerstörerischen, des Vermessenen mit der Folge der Babylonischen Sprachverwirrung. Der Disput endete in einem theologischen Gezänk über Luzifers Antireich auf Erden.

In den nächsten Tagen beginnt der Fasching, für Weisgerber und ganz München sind es Wochen froher Künstlerfeste. Er erzählte mir schon viel von früheren Festen, bei denen er in der Schwabinger Brauerei bei den Gauklerfesten zu den Ausgelassensten gehörte. In solchen Augenblicken der Erinnerung ist aller Hang zum Grübeln und die komplizierte Natur Weisgerbers weggewischt, er ist dann ein ganz anderer und fröhlich wie ein Junge."

Die Jahre bei Heinrich Wölfflin und im Kreis der Freunde René Prévot und Albert Weisgerber wurden entscheidend im Leben des Thomas Denis. Weisgerber gründete mit anderen Malern und Bildhauern die Neue Münchner Secession, der Paul Klee, Alexej Jawlensky, Bernhard Bleeker, Karl Caspar, Edwin Scharff und andere angehörten. Ein Jahr später stellte die Gruppe aus, mit ihr Max Beckmann, Karl Hofer, Erich Heckel, Oskar

Kokoschka, Max Pechmann und Hans Purrmann. Der Kreis um Albert Weisgerber war die Welt, in der auch Thomas Denis lebte. Er dachte oft an das Wort René Prévots bei der ersten Begegnung im Zugabteil, daß er dabei sei, sein Leben zu einem seltenen Höhepunkt zu führen.

Dann kam der Krieg. Albert Weisgerber und Thomas Denis verließen fast zur gleichen Zeit München und rückten ins Feld.

Am 10. Mai 1915 fiel Albert Weisgerber als Kompanieführer bei Fromelles an der Ypernfront. In seinem Gepäck fand man eine kleine Taschenausgabe von Goethes Faust. Thomas Denis erfuhr die Nachricht vom Tod des Freundes erst Wochen später. Freunde hatten einen Nachruf geschrieben, in dem Worte Weisgerbers wiedergegeben waren: „Nie in meinem Leben fühlte ich mich wie jetzt. Ist's das Alter? Alle Illusionen verdunsten vor mir, und die eklige Nüchternheit grinst mich überall an. Ist's Übermüdung? . . . Warum sehnt man sich nach Klarheit und Wahrheit? Wie häßlich, wenn man anfängt, den Dingen auf den Grund zu sehen . . . Unser Leben tritt in seine zweite Periode. Es ist schon drin." Das war fünf Jahre vor Weisgerbers Tod.

Erst 1919 kehrte Thomas Denis in das alte Haus an der Straße zurück. Die Straße hatte ihr Gesicht kaum verändert, die Menschen hatten graue Gesichter, vom Krieg und der Not gezeichnet. Auch die Landschaft hatte ihre Weite verloren, sie war wieder Grenze geworden.

In München war Revolution, wie René Prévot in einem Brief an Thomas Denis berichtete. Das Bild des Jeremias vor dem Zug in die babylonische Gefangenschaft, das Albert Weisgerber vor sieben Jahren gemalt hatte, kam Thomas Denis in den Sinn, als er an Deutschland und Europa dachte.

Wenn er später die Straße entlang schritt, sah er in die Weite die Bilder seines Lebens und hatte die Hoffnung, daß alles Leid nicht umsonst gewesen sein könnte.

Ehrengrab von Albert Weisgerber auf dem Nordfriedhof in München.
Albert Weisgerber ist am 10. Mai 1915 bei Ypern gefallen.
(Foto: Werner Ernst)

Feuersturm über Europa

Ein Vierteljahrhundert nach dem völkermordenden Ersten Weltkrieg raste zum zweitenmal in diesem Jahrhundert der Feuersturm des Krieges über ganz Europa.

Vergessen sind die zahlreichen unbekannten Schlachten, vergessen die ungezählten Toten dieser Schlachten.

Auch der 14. Juni 1940 im Herzen Europas, wo zwei waffenstarrende Beton-Wälle die beiden großen Nationen Frankreich und Deutschland in einer Todeszone trennten, ist vergessen.

Ein Bericht in französischer Sprache über das Drama von Puttelange am 14. Juni 1940 gibt Zeugnis von einer blutigen Schlacht, die nicht in die Kriegsgeschichte eingegangen ist. Nach 50 Jahren mahnt diese Region, die längst wieder eine blühende Landschaft geworden ist, die Menschen zum Frieden zwischen den Völkern Europas.

La Ligne Maginot et l'enfer du 14 Juin 1940 devant Sarralbe-Puttelange
par Louis Serpe

Alors que le 14 juin 1940, l'armée allemande entrait dans Paris sans combattre, le même jour se déroulait ici au Pays d'Albe, embroché par la Ligne Maginot, la plus violente bataille de toute la campagne de 1939—40.

C'est bien chez nous, en effet, plutôt qu'ailleurs, que la Wehrmacht avait choisi de lancer, ce 14 juin 1940, son attaque de rupture frontale contre cette «muraille de France», présumée redoutable. C'est bien là, dans notre secteur, au surnom significatif de «Trouée de la Sarre», où sur 30 km et en comparaison aux autres secteurs fortifiés, le système défensif était particulièrement léger et fluide, que les Allemands espéraient percer du premier coup. C'est bien dans ce but qu'ils vinrent y concentrer, à l'apogée du printemps radieux de 1940, des moyens de destruction massifs et stupéfiants: 1000 pièces d'artillerie, 6 divisions d'infanterie (et 3 autres en réserve), appuyées par une puissante aviation de bombardement, totalement maîtresse du ciel.

Sur les 15 km du front de Puttelange-Sarralbe, où s'exerça la poussée principale de ce dispositif écrasant, les forces françaises, dépourvues de tout aérien, n'alignaient que 3 régiments de forteresse en première ligne, et 4 bataillons de réserve en seconde ligne, dont trois de grenadiers polonais.

«Bombardement d'une violence inouïe qui fait trembler le sol . . ., un millier de canons tirant en même temps sur un front de moins de 30 km . . .»: «c'est comme à Verdun en 1916!», dirent les vétérans de la Grande Guerre. «Ce fut l'enfer!», diront les rescapés.

«On a du mal, écrit Roger Bruge — l'historien émérite de la ligne Maginot — à imaginer de not jours la région de Puttelange-Sarralbe, frémissant et s'empanachant de fumée sous les concentrations de tir, les Stukas plongeant sur les casemates dans un hurlement de sirène, les vagues de Heinkel déversant leurs bombes sur nos batteries . . ., détruisant en même temps nos villages mosellans . . .»

Les jours suivants, on ramassera sur le champ de bataille les corps de 679 Français et ceux de près de 1200 Allemands. Pendant longtemps, de petits cimetières de soldats parsèmeront notre campagne lorraine, jusqu'à leur regroupement en quelque nécropole.

Quelques semaines plus tard, la population évacuées de nos communes, au retour d'une année d'exode, croyant regagner la demeure damiliale, son bien-être, la douceur de vivre au pays natal, retrouva hélas une contrée meurtrie et désolée, un immense champ de ruines, tristes reliques, sinistres témoins d'un printemps rouge . . .!

Aujourd'hui, cinquante après, que reste-t-il dans la mémoire collective de ces événements du 14 juin 1940, de cette tragédie majeure, la plus grande de toute l'histoire de notre pays d'Albe, avec celle de la terrible Guerre de Trente Ans . . .?

Quelle place tient dans l'histoire générale, cinquante ans après, la tragédie héroique du 14 juin 1940 dans la «Trouée de la Sarre», par rapport à d'autres tragédies nationales, et à côté d'autres tragédies de l'humanité . . .?

Une récente encyclopédie sur la Seconde Guerre mondiale, dite «au jour le jour», de près de 800 pages, accorde à la bataille du 14 juin tout juste quatorze mots, du reste chevillés comme une contre-vérité: «. . . au sud de Sarrebruck, la Ligne Maginot est enfoncée par le groupe d'armées C . . .»!

Die Maginotlinie und die Hölle des 14. Juni 1940 vor Sarralbe-Puttelange
von Louis Serpe

Während am 14. Juni 1940 die deutsche Wehrmacht kampflos in Paris einmarschierte, tobte am selben Tag in unserem, in die Maginotlinie eingefädelten Albe-Gebiet die heftigste Schlacht des ganzen Frankreichfeldzuges.

Es war in der Tat eher bei uns als anderswo, wo die Wehrmacht entschied, an jenem 14. Juni 1940 ihren frontalen Durchbruchsangriff gegen die als furchterregend geltende „Mauer Frankreichs" zu starten. Es war auch genau in unserer Gegend, die den bezeichnenden Namen das „Saarloch" trug, wo auf dreißig Kilometer das Verteidigungssystem, im Vergleich zu anderen befestigten Geländeabschnitten, als besonders leicht und schwach galt und wo daher die Deutschen dieses auf den ersten Schlag zu durchbrechen hofften. Genau mit diesem Ziel begannen sie, auf dem Höhepunkt des strahlenden Frühlings 1940, ein massives, verblüffendes Zerstörungspotential zu konzentrieren: 1000 Artilleriegeschütze, 6 Infanteriedivisionen (3 weitere in Reserve), von einer mächtigen Bomberflotte unterstützt, die die totale Luftherrschaft innehatte.

Auf der 15 km langen Front von Puttelange-Sarralbe, wo der Hauptstoß dieses niederschmetternden Waffensystems erfolgte, standen auf französischer Seite, ohne jede Luftunterstützung, nur 3 Festungsregimenter in vorderster Linie, 4 Reservebataillone in der 2. Linie, davon 3 polnischer Grenadiere.

„Ein Bombardement von unerhörter Heftigkeit, das die Erde erbeben ließ . . . etwa 1000 Geschütze, die auf einer Front von nicht einmal 30 km zugleich feuerten" . . . „Genau wie bei Verdun 1916!" sagten die Veteranen des 1. Weltkrieges. „Das war die Hölle!" sollten die Überlebenden sagen.

„Es fällt einem schwer", schreibt Roger Bruge — der emeritierte „Historiker der Maginotlinie", „sich heute vorzustellen, wie die Gegend von Puttelange-Sarralbe dröhnte und vom Rauch des konzentrierten Beschusses bedeckt war, wie die Stukas mit Sirenengeheul sich auf die Kasematten stürzten, wie die Wellen der Heinkelflugzeuge ihre Bomben auf unsere Batterien abwarfen, die zugleich unsere Moseldörfer zerstörten."

An den folgenden Tagen mußte man auf dem Schlachtfeld die Leichen von 679 Franzosen und nahezu 1200 Deutschen bergen. Für lange Zeit werden Soldatenfriedhöfe unser Lothringer Land übersäen, bis sie irgendeiner größeren Friedhofanlage angeschlossen werden.

Einige Wochen nach dem Evakuierungsjahr unserer Gemeinden, als die Bevölkerung ihre vertrauten Wohnungen, ihr einstiges Wohlbefinden, die Annehmlichkeit, in der Heimat leben zu dürfen, wiederzufinden glaubte, fand sie leider eine zertrümmerte und verlassene Gegend, riesige Ruinenfelder, traurige Reste, unheimliche Zeugen eines roten Frühlings vor. . . .

Heute, 50 Jahre danach: Was bleibt von diesen Ereignissen am 14. Juni 1940 in unserem kollektiven Gedächtnis von jener gewaltigen Tragödie, die neben der des Dreißigjährigen Krieges die größte in der Geschichte unseres Albe-Gebietes war?

Welchen Platz nimmt, nach 50 Jahren, in der Weltgeschichte die heldenhafte Tragödie des 14. Juni 1940 im ‚Saarloch' ein, verglichen mit anderen nationalen Tragödien und neben anderen Tragödien der Menschheit . . .?
Eine kürzlich erschienene Enzyklopädie zum 2. Weltkrieg mit dem Titel ‚Von Tag zu Tag', von rund 800 Seiten, widmet der Schlacht vom 14. Juni gerade nur 14 Wörter, die, gar wie eine Behauptung des Gegenteils, hingeworfen sind: ‚Südlich Saarbrücken wurde die Maginotlinie durch die Heeresgruppe C durchbrochen'!"

Auszug aus der Zeitschrift „Le Pays d'Albe", Revue de la Société d'Histoire, „Les Amis du Pays d'Albe", Sarralbe 1990.

(Übersetzt von Carl Heupel, Landau i. d. Pf.)

Fast schien es, daß die Völker und Nationen nach 1918 zusammenfinden würden in einer neuen, friedlichen Welt. Die Besiegten aber litten unter der Faust der Sieger; die Not schuf neuen Haß, der Haß verblendete die Menschen. Die „Siegestrunkenen" erhielten Zulauf, sie predigten Haß und Gewalt und töteten die Freiheit. Die Sieger hatten nicht begriffen, daß Not die Menschen verbittert und blind macht gegenüber Recht und Ordnung.

So wuchsen Haß und Gewalt im Herzen Europas. Zwanzig Jahre nach „Versailles" war die Saat des Hasses aus der Not aufgegangen. Ein Vulkan stand vor dem Ausbruch.

Der Abgeordnete Winston Churchill hielt eine Rede im britischen Parlament und sprach prophetische Worte. „Glauben Sie nicht, daß dies das Ende ist. Das ist erst der Beginn der Abrechnung."

Das war am 5. Oktober 1938, wenige Tage nach „München".

5.
Fronten

In dem alten Haus an der Straße leben die Denis in einer ihnen fremd gewordenen Welt. Die Nachfahren der „Siegestrunkenen" sind an der Macht, sie gebärden sich wie tolle Hunde. Ihre Häscher gehen um, sie schleichen auch um das alte Haus, in dem eine Kultur gepflegt wird, die ihnen unheimlich ist.

Das weiß Albrecht Denis, und mit Hilfe guter Freunde findet er in London eine Anstellung. Nur hin und wieder empfängt er Briefe von Leuten, die an der Straße und in der nahen Stadt leben. Immer spärlicher werden die Briefe, es ist in dieser Zeit gefährlich, Briefe zu schreiben.

Die an der Macht sind, wissen alles, was im alten Haus geschieht, in den anderen Häusern an der Straße, in den Städten und Dörfern. Bis nach London reicht ihre Macht, und sie halten auch Albrecht Denis in ihren unsichtbaren Fängen.

Nach ihren Plänen führt sein Weg, den er von dem Haus an der Straße nach London genommen hat, in eine andere Richtung. Albrecht Denis wird nie erfahren, daß er nach diesen Plänen zur kleinen Schachfigur im geheimen Machtspiel zwischen Berlin, London, Paris und Rom ausersehen ist.

London hat viele Gesichter, und auch Albrecht Denis erlebt dieses Land der Städte, Dörfer und Marktflecken in diesem Häusermeer, das die Metropole der Welt ist. Die Stadt ist gastlich, und auch der Fremde spürt diese Gastlichkeit. Es sind viele, die nun in London leben, manche kennt Albrecht Denis und trifft sich mit ihnen im St. James' Park, im Britischen Museum oder in einem Café in Soho, das der Treffpunkt der Neuen ist und einem alten Kunsthändler gehört, der aus Berlin stammt. Das Café ist ein wichtiger Umschlagplatz von Nachrichten, die nicht in den Zeitungen stehen und meist aus Briefen stammen, die früher niemand interessiert hätten. In dieser Stadt erhält jedes Lebenszeichen eines Freundes Gewicht.

Albrecht Denis ist viel unterwegs, der Industriekonzern hat Niederlassungen in allen Hauptstädten. In Paris wohnt er meist in der Rue Clément-Marot, in Rom an der Via Cavour, nahe S. Maria Maggiore. Wenn er wieder in London ist, besucht er die Freunde im Café und überbringt manchem Grüße von Bekannten in Paris oder Zürich. Die Welt ist diesen Wartenden klein geworden, sie warten auf das Morgen, auf den nächsten Tag, der Entscheidendes bringen kann.

Unter ihnen sind vor allem die „Neuen" am ungeduldigsten. Sie deuten jede Zeitungsmeldung über zunehmende politische Spannungen als den Beginn einer Wandlung ihres Schicksals; die „Alten" resignieren, denn schon mehr als fünf Jahre sind viele von ihnen in London. Sie reden von allem, was vorher war, wie im Fieber, sie reden von der Welt der Freiheit, der Menschlichkeit, der Gerechtigkeit. Sie reden von den Ideen Lessings und

Das Siegestor in München.
1850 nach den Plänen von Friedrich Gärtner errichtet. Das Siegestor erinnert an die Befreiung Bayerns 1814/15. Im Zweiten Weltkrieg zerstört, 1957 wiederaufgebaut mit dem Spruch: „Dem Sieg geweiht. Vom Krieg zerstört. Zum Frieden mahnend."
1871 zogen die zurückkehrenden bayerischen Truppen durch das Siegestor in München ein.

Goethes, Herders und Schillers und berauschen sich an den ewigen Werten deutschen Geistes.

An einem Sommerabend lernt Albrecht Denis einen der „Neuen" kennen, mit dem er sich an diesem Abend über die deutsche Frühgotik unterhält, über Giottos Fresken in San Francesco in Assisi und die Einflüsse der Deutschrömer auf das Weltbild der Deutschen im 20. Jahrhundert. Das Weltbild dieses Mannes hat ganz andere Dimensionen, und Albrecht Denis ist ein wenig überrascht, als er erfährt, daß der „Neue" aus einem Dorf stammt, das nur eine gute Stunde nördlich der Straße liegt, wo das Haus der Denis ist.

Der „Neue" heißt Hermann Sinsheimer und lebt erst seit einigen Wochen in London. Er erzählt Albrecht Denis seine Lebensgeschichte, die alltäglich gewordene Geschichte eines Deutschen, dessen Weltbild denen, die an der Macht sind, nicht paßte und dessen Fluchtweg nach fünf Jahren des Ungewissen zu Freunden in London führte.

Nicht über diese letzten Jahre unterhalten sich Hermann Sinsheimer und Albrecht Denis, sondern über das Dorf mit dem mittelalterlichen Gemäuer, den Festungstoren, den dunklen Gängen und Verliesen, den Wällen und Türmen. Draußen auf der Regent Street brandet der Weltstadtverkehr, im Café Royal sitzen die Menschen und reden in allen Sprachen von ihren Geschäften; Hermann Sinsheimer spricht vom Dorf, in dem er seine Jugend verbrachte, von den Menschen in dem Dorf, und seine Augen leuchten.

Erst später erzählt Hermann Sinsheimer aus seinen Berliner Jahren, als Theaterkritiker und Romancier; aus seiner Münchner Zeit in den zwanziger Jahren, als Regisseur und Theaterdirektor, als Chefredakteur des „Simplicissimus". Alles das hat er zurückgelassen und will nun von vorne beginnen. Albrecht Denis wird ihm dabei behilflich sein. Wie die anderen Freunde, Rudolf Kommer und alte Bekannte aus Berlin.

In diesen Sommerwochen fahren Albrecht Denis und Hermann Sinsheimer mit Freunden hinaus ins Land. Über Finchingfield und Thaxted nach Cambridge, nach Norwich mit seiner normannischen Kathedrale, über Windsor Castle nach Oxford und weiter nach Stratford-upon-Avon, der Stadt Shakespeares.

In Stratford erzählt Hermann Sinsheimer den Freunden die Geschichte seiner Flucht in die Abenteuer der Literatur und der Geschichte in den beiden vergangenen Jahren in Berlin; bis nach Stratford in die Welt Shakespeares führte diese Flucht aus der harten Wirklichkeit, und Hermann Sinsheimer glaubt, daß er gerade dieses Buch in Berlin in diesen Jahren schreiben mußte. Für ihn bedeutet die Figur des Shylock mehr als Dichtung und Spiel, für ihn ist es eine Abrechnung, eine innere Rück- und Heimkehr zu allem, was sein Leben ausmacht. Von alledem erzählt er seinen Freunden in Stratford, von dem abenteuerlichen Schicksal des Manuskripts, für das er im slowakischen Städtchen Munkacz einen Verleger gefunden hatte. Bis dann die Ungarn in diesem Frühjahr Munkacz besetzten und die Druckerei schlossen.

Nun sucht Hermann Sinsheimer in London einen Verleger. Die Freunde wollen ihm helfen, der „Shylock" soll im Lande Shakespeares herauskommen. In Stratford erfahren die Freunde die lange Geschichte der Dramenfigur Shakespeares, des dämonischen Shylock im mittelalterlichen Venedig.

An einem der folgenden Abende liest Hermann Sinsheimer Abschnitte aus dem Shylock-Manuskript den Freunden vor, von dem Mythos einer Figur, der unzerstörbar in die Jahrhunderte wirkte. Der Schatten Shylocks liegt auch über dem Leben Hermann Sinsheimers.

*

In den Zeitungen, in den Clubs und Cafés werden die politischen Ereignisse in Europa diskutiert, viele halten nach „München" einen Krieg für unvermeidbar. Aus Wien und Prag sind neue Refugiés nach London gekommen, sie wollen weiter nach Amerika, denn Europa scheint ihnen nicht mehr sicher.

In den Cafés tauchen auf der Nachrichtenbörse neue und phantastisch klingende Gerüchte auf. Es sind bestimmte Leute, die diese Gerüchte ausstreuen, sie handeln offenbar nach einem Plan, der aber immer wieder geändert wird und den keiner durchschaut. Es bilden sich Gruppen, die geheimnisvoll tun, gegeneinander ausgespielt werden und glauben, wichtige Dinge aus den Hinterhöfen der großen Politik zu wissen. London ist voll zwielichtiger Gestalten, die im trüben fischen und mit Nachrichten handeln. Das Mißtrauen wächst unter den „Alten", keiner weiß recht, wer die Neuen sind, die plötzlich auftauchen und wieder verschwinden.

Albrecht Denis kennt einige, die auch in Paris, in Zürich und Rom ihre geheimen Geschäfte betreiben. Die Freunde unterhalten sich über dieses Gewerbe, das mit seinen Netzen ganz Europa überzieht. Man liest in London und Paris viel über Erfolge dieser internationalen Geheimdienste, wie das ungeheuerliche Netz, das dem russischen Generalstab um Tuchatschewski zum Verhängnis wurde. Es wird hoch gespielt hinter den Kulissen der Macht und der Mächte.

Die Freunde Albrecht Denis' sehen die Gefahr, in eines der zahlreichen Netze zu geraten, deren Enden irgendwie in einem geheimen Zentrum gespannt sind. Sie meiden die Nachrichtenbörsen und treffen sich in ihren Wohnungen, Hermann Sinsheimer erzählt Anekdoten aus seiner Mannheimer, Münchner und Berliner Zeit als Theatermann und Publizist; immer aber kehren seine Erinnerungen in das Dorf zurück, das ihm märchenhaft verklärt ist. Einige dieser Jugenderinnerungen hat er dichterisch ausgeschmückt, er will die kleinen Dorfgeschichten später einmal herausgeben.

Hermann Sinsheimer ist ein großartiger Plauderer, er erzählt gern, und in dem bescheidenen Londoner Heim des Romanciers wird die Welt lebendig, in der er einst lebte; und die Menschen, denen er in dieser großen Welt begegnete: Elisabeth Bergner, Roda Roda, Max Halbe, Gustav Meyrink, Frank Wedekind, Joachim Ringelnatz, Karl Valentin, Alfred Kerr und die vielen anderen Prominenten aus den unvergeßlichen Jahren in München und Berlin.

Auch in London ist Sinsheimer mit der Abfassung neuer Essays und Biographien beschäftigt. Er liest viel und bemüht sich um eine feste Tätigkeit.

Auch Albrecht Denis schreibt in diesen Wochen. Es sind nur Notizen, die er niederschreibt. Er ist zu dieser Zeit viel unterwegs; es hat offenbar einiges mit diesen Reisen zu tun, was er erlebt und in sein Notizbuch einträgt. So jene erste Begegnung im Frühfernzug von London nach Paris, wohin er in einer wichtigen Patentsache reisen muß. Hinter Boulogne war ein jüngerer Herr zugestiegen, der sich kurz vor der Einfahrt in den Pariser Bahnhof Gare du Nord vorstellte, nebenbei den Namen eines Bekannten erwähnte und um ein Gespräch in einem Hotel an der Rue de Rivoli bat.

Das Gespräch in Paris war nicht zustande gekommen. An einem der nächsten Sonntage begegnet Albrecht Denis dem Unbekannten in der assyrischen Abteilung des Britischen Museums wieder. Die Begegnung scheint zufällig, doch wiederum bittet der Fremde um eine Unterredung, diesmal nahe der New Oxford Street. Auch dieser Unterredung geht Albrecht Denis aus dem Weg, der zweite Vermerk in seinem Notizbuch lautet: „Die politische Spannung wächst. Was habe ich mit diesen Leuten vom Secret Service zu tun? HS warnte mich, ich werde seinem Rat folgen."

Die Einträge im Notizbuch häufen sich in den folgenden Wochen. Wiederholt ist darin vom Hotel Viktoria an der Grosvenor Road die Rede. Auch von A 54, von dem man in London genaue Geheiminformationen über den Zeitpunkt eines deutschen Angriffs auf Polen hat. Im Hotel Viktoria erfährt Albrecht Denis Dinge, die für seine eigenen Entscheidungen wichtig sind.

Eine der letzten Eintragungen im Notizbuch lautet: „Ich habe abgelehnt. Von A 54 kam die Meldung, daß der deutsche Angriff auf Polen am 26. August erfolgen wird. Noch zwei Tage, ich muß mich entscheiden."

Einen Tag später nimmt Albrecht Denis Abschied von den Freunden, die für seine Entscheidung Verständnis haben. Sie alle wissen, was dieser Abschied bedeutet.

Am 25. August verläßt Albrecht Denis London mit dem Expreß nach Ostende-Antwerpen. Hermann Sinsheimer ist am Bahnsteig und bittet ihn, sein Dorf zu besuchen, wenn er nach Hause kommt.

*

Am gleichen Tag unterzeichnen Großbritannien und Polen in London einen Freundschaftspakt. Der Krieg scheint vermeidbar. Einen Tag darauf schreibt der Generalstabschef des deutschen Heeres Generaloberst F. Halder in sein Tagebuch: „Der Führer sehr ruhig und heiter. Sich vorbereiten zum 7. M-T. Tag des Angriffs 1. 9."

Albrecht Denis meldet sich zur Truppe, um weiteren Nachstellungen zu entgehen. Er wird bei der Luftwaffe als Dolmetscher und Bordfunker eingesetzt.

Als die „Schlacht um England" beginnt, ist die Staffel in Nordfrankreich. Vor dem Einsatz meldet sich Albrecht Denis beim Staffelkapitän und schildert ihm seine Lage. Daß er Freunde in London hat, daß London ihm eine zweite Heimat war. Der Staffelkapitän hat Verständnis für die Situation, Albrecht Denis wird als Dolmetscher zu einem höheren Luftwaffenkommando nach Paris abkommandiert.

In der Avenue Victor Hugo zwischen Etoile und Place Victor Hugo ist sein Quartier. Die Stadt ist düster geworden, sie leuchtet nicht mehr wie in den Jahren früherer Begegnungen mit Freunden, die wiederum flüchten mußten.

Albrecht Denis denkt oft an die Freunde, die er in Paris kannte und die nun wohl auch in London sind. Seit jenem 25. August ist jeder Kontakt unterbrochen, auch mit Hermann Sinsheimer, der zunächst nicht in London bleiben und sich in Paris niederlassen wollte. Hermann Sinsheimer kannte die französische Gotik wie die Kunst des Louis-Quatorze; seine besondere Liebe galt der Sainte-Chapelle nahe Notre Dame, Sinsheimer sprach vom glühenden Teppich der Glaswände.

So erlebt Albrecht Denis Paris wieder mit den Augen des Freundes, das Paris der Klassik und Ludwigs XIV. Der Dienst läßt ihm viel Zeit, er lebt mehr in der Welt des Louis-Quartorze, Le Bruns, Perraults und Lenôtres, Bossuets, Corneilles, Racines und Molières. Hermann Sinsheimer war ihm ein guter Lehrer, dem er den Weg in diese Welt verdankt.

Dann wird er wiederum abkommandiert und kommt zur Abwehr als Dolmetscher. Bei diesem Kommando ist er viel unterwegs; er lernt die Leute von der Résistance kennen, hat Kontakte mit „La Liberation", mit „Le Coq Enchaîné", mit „Le Combat" und kennt die Wege zu den Lagerfeuern des Maquis. Und spürt die Tragik seiner eigenen Situation.

Diese geheime Front reicht von Calais bis Bayonne und tief ins Hinterland von Rouen, Caen und Poitière; bei St. Jean de Luz, wo die baskischen Fischer des Nachts ihre geheime Fracht nach Spanien, Portugal und England bringen, bietet sich Albrecht Denis eine Chance.

Er bleibt zurück und schlägt den Weg nach England aus. Es ist nach dem 25. August, als er damals London verließ, seine schwerste Entscheidung. Die

Leute von der Résistance erfahren nie, daß zwischen den erbarmungslosen Fronten einer im Niemandsland des Menschlichen ausharrt, ein Einsamer in der Welt des Hasses, des Folterns und Mordens.

In Paris wartet Jacqueline auf Albrecht Denis. Jacqueline wohnt am Boulevard de Rochechouart auf dem Montmartre; sie ist jung und hübsch, abends besuchen sie eines der Tanzlokale am Boulevard de Clichy, und Albrecht Denis erzählt ihr aus seinem Leben. Von dem alten Haus an der Straße, von London, von Hermann Sinsheimer und den anderen Freunden. In diesen Stunden mit Jacqueline vergißt er das Sinnlose alles dessen, was um ihn ist.

An einem regnerischen Märztag des Jahres 1945 wird das alte Haus bei einem Bombenangriff zerstört. Zwei Tage später rollen amerikanische Panzer über die Straße ostwärts zum Rhein. Viele Häuser an der Straße und in den Städten und Dörfern sind zerstört.

Erst im Herbst des folgenden Jahres kehrt Albrecht Denis heim. Und beginnt das Haus der Denis wieder aufzubauen.

Das Leben an der Straße, in den Dörfern und Städten hat sich verändert, die Menschen sehen überall, wo sie hinblicken, eine Trümmerlandschaft. Das macht sie müde und hoffnungslos.

Wenn Albrecht Denis die Straße entlang geht, denkt er weit zurück, und es ist ihm, als sei der Weg, den er damals gewählt hat, der richtige gewesen. Und so sieht er das Morgen im Aufbruch zu gleichen Zielen.

Trümmerlandschaft Deutschland. Berlin 1945.

Das ist die Geschichte der Söhne Denis. Sie ist Beginn und Ende, und doch nur Fragment, wie alles Leben in seinen tausendfachen Widerspiegelungen. Ernst Bloch sieht diese Vielfalt als traditionsgetragene Utopie: „Wir haben solche Stoffe in der Geschichte, endlos und wenn nicht endlos, so zahlreich, daß man sie bis zum Abend nicht aufzählen könnte, also die odysseehaften Stoffe, die Virgilstoffe, die Dantestoffe, der ganze Fauststoff, der Don-Juan-Stoff, der Don-Quichotte-Stoff ist doch alles geladen mit Ungewordenem, mit Grenzüberschreitungen, irgendwo columbushaft fährt in die neuen Kontinente unserer Menschlichkeit hinaus, überall ist doch gerade auch in den Großwerken, und darauf kommt es an, auch an, wenn man Meisterwerke schaffen will, in den Großwerken eine traditionsgesättigte Utopie, die Unruhe konkret und großartig gestaltet am Menschen."

Alle Zukunft ist Hoffen, „hin zu einer Wiedergeburt von Gutem, Verlassenem, Altem, das nicht wurde und das deshalb immer wieder neu bleibt", wie es der Weise aus der großen Stadt am Strom deutet. Die sechs Leben der Söhne Denis sind Stationen auf dem Weg zu dem, das in die neuen Kontinente unserer Menschlichkeit führen wird.

6.
Zeitenwende

Über Armand Denis, den ältesten der Denis, war wenig bekannt und nur eine kurze Aufzeichnung vorhanden: er war vor 300 Jahren aus Epinal zugewandert. Von ihm stammte der alte vordere Teil des Hauses mit dem mächtigen Giebel, das Haus an der Straße, in dem die Denis lebten: Lucius Denis, der Sohn, Sixtus, der Enkel, und Emanuel, der Sohn des Sixtus Denis. Auch von ihnen waren nur wenige Lebensdaten aufgezeichnet; sie lebten in dem alten Haus an der Straße. Armand war Tuchhändler, die Söhne und Enkel Handwerker, Pfarrer und Lehrer.

Claudius Denis fand alle diese Erinnerungen unwichtig. Er lebte Jahre im Ausland, war in Westindien, Bolivien und Brasilien in Handelsdingen tä-

Einst...

Jetzt...

*An der deutsch-französischen Grenze bei Schweigen –
Weißenburg
(Archiv Willi Fischer, Oberotterbach)*

tig, und es war ihm schwergefallen, sich wieder an alles das zu gewöhnen: an das alte Haus, an die Straße und die Menschen.

Die Leute an der Straße mieden ihn, denn er war anders geworden in diesen Jahren. Er wollte die Dinge ändern und galt bei ihnen als Reformer. Die Leute an der Straße mochten Reformer nicht, sie hingen an ihrer kleinen Welt und wollten sie nicht anders.

So blieb Claudius Denis allein in dem alten Haus, er dachte darüber nach, woran es liegen konnte, daß die Leute von seinen Ideen nichts wissen wollten.

Die Denis waren immer anders gewesen als die anderen, die an der Straße wohnten. Sie waren anders als die anderen, die unter sich blieben und wie die Zaunkönige in ihren Gärten thronten. Das waren alles Könige, kleine winzige Könige, und jeder von ihnen hielt sich für den klügsten. Wer unter den Leuten an der Straße lebte, mußte ihr Heimkönigtum anerkennen und den Tribut dafür zahlen.

Claudius Denis hielt es nicht lange aus unter diesen kleinen Königen, die an der Straße wohnten und jeden beargwöhnten, der nicht war wie sie.

Zwei Jahre lang lebte er wieder unterwegs, im Vorderen Orient, flog von Beirut nach Teheran und über Kabul nach Bombay und Kalkutta in Ostindien. Seine Geschäfte führten ihn in die Staaten, nach Philadelphia, Chicago, St. Louis und San Francisco und wieder zurück nach New York.

Im Foyer seines Hotels in Kalkutta begegnete Claudius Denis einem alten Jugendfreund, der später am Niederrhein in einem großen Industriewerk eine leitende Stellung gefunden hatte. Lange saßen sie in dieser Nacht zusammen und sprachen auch darüber, was Claudius Denis sich nicht erklären konnte und worüber er in diesen Monaten oft nachgedacht hatte.

Sie fanden keine plausible Erklärung dafür in dieser Nacht in Kalkutta. Das Gespräch endete in einem langen zeitkritischen Diskurs, daß die Menschen unserer Tage in zwei Welten zugleich leben, gleichsam in zwei Zeitaltern, wie es einmal eine Zeit gab, die aus der mittelalterlichen Welt und der Welt der Renaissance bestand.

„Wir leben in einer Doppelexistenz, in verschiedenen Denkbereichen. Diesmal wird der Übergang von unserem ‚Mittelalter' in eine neue Welt schneller und schmerzlicher sein und um so verwirrender, je länger dieser Übergang dauert. Wir müssen ganz von vorne anfangen, ganz von vorne; es ist ein Prozeß des Abbaues, eines Marsches mit leichtem Gepäck auf einem Rückzug und einem Vormarsch zugleich." Claudius Denis entwarf in dieser nächtlichen Stunde in Kalkutta ein neues Weltbild, das von der Straße hinter dem Strom bis zu den Sternen reichte.

Dann lebte Claudius Denis wieder in dem alten Haus an der Straße. Er dachte über vieles nach; immer wieder erinnerte er sich des Gesprächs in Kalkutta, an die zwei Welten, in denen die Menschen unserer Tage zugleich leben; erinnerte sich an das Verwirrende und den Prozeß des Abbaues und Übergangs, der alles in Frage stellt.

Für Claudius Denis waren diese stillen Jahre ein Reiseweg in andere Regionen, die weit über Kalkutta, Kabul und San Francisco hinausreichten. Ganz nahe der Straße und östlich von ihr fand er den Alten und Weisen, der aus der großen Stadt am Strom, am Ende der Straße, stammte und nun, gleich einem Eremiten aus alten Zeiten, in der Stille einer kleinen Universitätsstadt lebte.

Die Begegnungen mit dem Denker wurden für Claudius Denis zu einer Wanderung in neue geistige Provinzen, die alle weitab und doch der Straße, dem alten Haus und der großen Stadt nahe und benachbart waren. Jede dieser Begegnungen mit dem Weisen führte ihn tiefer in das Wesen und Denken des Einsamen ein, der ihn „durch die Himmel und Höllen des geistigen Kosmos" geleitete. Es war ein weiter und mühsamer Weg, der zurückführte in das Unbestimmte und Offene des Noch-nicht-Bewußten des Jugendwerkes des Alten in einer denkwürdigen Selbstbegegnung.

In diesem Zurück lagen die anderen und späteren Werke, die alle die Spuren nachzeichneten, die eingegraben waren auf den Grenzsteinen der Erinnerungen und Erfahrungen. Claudius Denis war lange den Spuren nachgegangen und erlebte darin die Schicksale der Denis, die sich irgendwo kreuzten, wo die Grenzsteine des Weisen in das Bewußte wiesen. In ihm fand Claudius Denis die Brücke über den Strom, der abfällt in das Vergangene und aufsteigt und schäumt gegen das Kommende, das Heraufkommende, das seinen Schein vorauswirft und die Orientierung ermöglicht.

Alles das war für Claudius Denis seltsam und doch erklärlich; Zeit und Leben des Alten erschienen ihm nahe und in seinen eigenen Lebensraum tretend, als er erfuhr, daß dieser die Leben der Denis kannte, wie er ihre Schicksale gleicherweise in der Fülle und Schwere dieses Jahrhunderts hatte erleiden müssen. Da wurde Claudius Denis mit einem Mal vieles verständlich, was ihm bisher dunkel geblieben war in der Verschlüsselung der Gedanken des Weisen. Es gab vieles Gemeinsame seitdem zwischen beiden, nicht nur aus der gleichen Herkunft und Wesensart.

In einer Mappe sammelte Claudius Denis Blätter mit Notizen über die Begegnungen und Gespräche in dem Haus in der kleinen Universitätsstadt. Die Mappe trug die Aufschrift „Grundriß der Zukunft". Darin war immer wieder die Rede von der Überwindung des Überkommenen und von der Utopie zur Hoffnung. Auch das Wort des Augustinus stand darin: „Der siebente Tag werden wir selbst sein." Der Weise hatte es als „Fahrplan der Hoffnung" gedeutet.

Als der Weise seinen 85. Geburtstag feierte, von der ganzen Kulturwelt als Denker gewürdigt, schrieb ihm Claudius Denis einen Spruch von Laotse nieder, als seine Würdigung des Meisters und Lehrers:

Sie kennen mich nicht
Meine Lehren sind sehr leicht zu verstehen
Und sehr leicht auszuüben,
Aber niemand kann sie verstehen
Und niemand kann sie ausüben.
In meinen Worten liegt ein Prinzip.
In den Angelegenheiten der Menschen liegt ein System.
Weil sie diese nicht kennen,
Kennen sie mich auch nicht.
Da nur wenige mich kennen,
Darum bin ich ausgezeichnet.

Für Claudius Denis waren diese Jahre ein Weg in andere Regionen, die weit über San Francisco, Kalkutta und Rio hinausreichten; ein Weg zwischen dem Gestern und Morgen. Vision, Legende um das Verschüttete, das aus den Ruinen des Vergangenen ragte.

*

Auch die Leute an der Straße waren in diesen Jahren andere geworden. Sie hatten sich gewandelt, es war wie ein Wunder. Mit einem Mal hatten sie erkannt, daß die Welt ringsum offen war und daß die Straße mitten in diese neue Welt führte. Und diese Welt war groß und weit, sie reichte nicht nur bis New York, Kalkutta und Rio; da gab es noch eine andere Welt mit einer anderen Geographie. Und überall waren Menschen, die von dieser Welt wußten und dachten wie Claudius Denis.

Da zogen die Leute an der Straße zum alten Haus und wählten Claudius Denis zu ihrem Vorsteher. Sie bildeten Kommissionen und einen Bund, in dem wollten sie die Geographie der anderen Welt studieren. Dann rissen sie die Zäune um ihre Gärten nieder und merkten, wie lächerlich ihr kleines Königtum gewesen war.

Nur einige von ihnen vermochten es nicht, ihre Gärten zu öffnen, sie wollten Zaunkönige bleiben und in ihrer kleinen Welt leben. Darin fanden sie ihre Ordnung, ihre eigene Ordnung, in der sie hinter ihren Zäunen lebten.

Claudius Denis dachte an das Gespräch mit dem Jugendfreund in jener Nacht in Kalkutta: daß die Menschen in unseren Tagen in zwei Welten zugleich leben, gleichsam in zwei Zeitaltern; die an der Straße noch hinter ihren Zäunen lebten, waren die, die den Übergang aufhielten, und das machte alles noch verwirrter.

Die Willigen und Gutgesinnten wurden immer zahlreicher und scharten sich um ihren Vorsteher. Claudius Denis wußte, daß die, die jenseits der Straße wohnten, die Eigenheit der Leute klarer erkannten. Er studierte ihre Gedanken und erhielt neue Erkenntnisse über alles, was ihm einst nicht erklärlich war an denen, die ihn und seine Ideen nicht begreifen wollten. Es bildeten sich Gemeinschaften, die von außen her auf die Gutgesinnten einwirkten; es war eine neue Wirklichkeit, die ihnen bewußt wurde, eine Wirklichkeit, die das Gewesene vom Jetzigen und dem Kommenden deutlich trennte.

Irgendwo bei einem Dichter unserer Tage hatte Claudius Denis einen Vers gelesen:
„Wir wollen heiter Raum um Raum durchschreiten,
An keinem wie an einer Heimat hängen,
Der Weltgeist will nicht fesseln uns und engen,
Er will uns Stuf' um Stufe heben, weiten."

Er liebte die Worte des Dichters. In ihnen spiegelten sich seine Ideen wider.

Über alle besonderen Vorkommnisse und Entwicklungen, die ihm wichtig erschienen, machte Claudius Denis Eintragungen in einem schmalen Heft, auf dem „Einsichten und Erkenntnisse" stand. Später einmal, wenn die Geschichte der Straße neu geschrieben würde, sollten diese Eintragungen nützlich sein. In dem alten Haus an der Straße war vieles aufbewahrt worden, das für dieses Vorhaben nützlich sein konnte.

In diese für Claudius Denis so glückliche Zeit fiel der 300. Jahrestag, seit Armand Denis das Haus an der Straße gebaut hatte. Es sollte ein Fest werden, er wollte sie alle einladen, die ganze Straße sollte mitfeiern. Einmal schon hatte die Straße ein solches Fest erlebt, und dieses Fest stand in den Geschichtsbüchern und war ein Markstein, den geschichtliche Ereignisse setzten. Diesmal sollte es ein Fest der Denis sein und später daran erinnern, daß das Leben an der Straße anders geworden war. Damals hatte sich nichts geändert, die Leute, die an der Straße lebten, waren die gleichen geblieben. Nun aber war alles anders.

Das sollten sie feiern, meinte Claudius Denis; er wollte darüber reden und ein Programm entwerfen. Nicht jenes von Kalkutta, das irgendwo in den Sternen endete. Wer unter den Menschen an der Straße lebte, durfte kein Träumer sein, doch sie hatten erkannt, daß die Welt nicht in Rio, Philadelphia und Bombay endete. Das war es, was er draußen erkannte, und das ihm seinen Blick für die Dinge an der Straße geschärft hatte.

An einem Tag, an dem im frühen Jahr an der Straße schon südliches Sonnenlicht über den Häusern liegt und die Landschaft verklärt, begann das Fest. Viele kamen, auch aus den Dörfern und Städten, und Gäste von weither, die alle eingeladen waren, um das Fest mitzufeiern. Die Straße faßte die Menschen kaum, sie versammelten sich auf einem weiten Platz, wo Claudius Denis zu ihnen sprach. Er sprach lange, von dem Weg der Denis, von dem alten Haus und von der Straße. Er sprach von dem Kleinmut und der Schwäche; vom neuen Geist, der alles das ermöglicht habe, was ringsum in der Welt als ein „Wunder" angesehen werde. Doch es sei nur der Zauber, der jedem Anfang innewohne.

Von dem Anfang und von dem Zauber des Anfangs sprach er. Immer und immer wieder war es ein Anfang gewesen; auch zu jener Zeit, als die Freiheitsbäume an der Straße, auf den Märkten und Plätzen gesetzt wurden, als die Menschen glücklich waren und die Freiheitsbäume umtanzten. In ihnen wähnten sie die Befreiung und sahen nicht, daß sie unfrei geblieben waren und weiter im Reich der Zaunkönige lebten; und ihre kleine Ordnung behielten und in ihrer Ordnung von der anderen Freiheit nichts ahnten.

So waren sie immer die gleichen geblieben, auch nach dem letzten großen Fest, das einst ein Markstein in der Geschichte der Straße wurde. Ihre kleine Ordnung war es, in der sie sich geborgen fühlten; die ihnen die Maßstäbe nahm für den Mut und die Hoffnung und die Kraft, die notwendig waren für das Neue, das immer am Anfang steht.

Davon sprach Claudius Denis. Vom Leben der Söhne, die vom alten Haus an der Straße weggegangen waren und von der kleinen Ordnung und von der Geborgenheit der Selbstsicheren nichts wußten. Das waren die anderen, die immer der Erde ganz nahe waren und denen die allzu große Nähe zu den Dingen den Himmel verschloß.

Sie waren es, die die Fabel vom Vogel Merops erfunden hatten, der, wenn er in die Luft steigen würde, mit dem Schwanz voraus, den Kopf gegen die Erde gekehrt, fliegen sollte. Sie, die anderen, waren es, die zur Sonne aufblickten, dabei aber nicht einen Augenblick die Erde aus dem Gesicht verloren.

Claudius Denis nannte den Namen des einen, der einst an der Straße gewohnt hatte und nun zu den bedeutenden Denkern gehörte. In den Gesprächen mit ihm hatte er die andere Dimension der Realität erkannt; denn sie erst schafft das Festliche des Lebens in seinen Ursprüngen. Jene, die gegen den Zynismus des nackten Realismus aufbegehren, die eine andere, eine bessere Welt ersinnen, das sind die wahren Realisten; denn sie suchen nach der Wahrheit und leben schon in der Welt von über-

Europäisches Parlament in Straßburg.
Seit dem Beitritt Dänemarks, Finnlands und Österreichs hat das Europäische Parlament 626 Abgeordnete. Heute sind 15 Mitgliedsstaaten im Europäischen Parlament vertreten. Die Abgeordneten sind direkt gewählt, ein Modell für die ‚Welt von morgen'.
(Foto: Parlement européen, Strasbourg)

morgen. Sie haben das schwärmerische Feuer und die Gabe, sich an Glücksbildern zu erbauen, die den Menschen befähigen werden, ein Morgen zu schaffen, in dem nicht gehungert, gelitten und sinnlos gestorben wird.

Das war die Sprache des Denkers aus der großen Stadt am Ende der Straße. Von ihm sprach Claudius Denis und von der Notwendigkeit, den Mechanismus der Metaphysik der Welt zu kennen und ihn nicht nur zu erahnen; denn es gibt Systeme, nach denen das ganze Mysterium des Lebens auf zwei Druckseiten Platz findet, wie die Zyniker meinen. Wie sagte Konfuzius zu seinem Jünger Yen Huei: „Wer sich auf Bögen, Zirkel, Lineal und Winkelmaß verläßt, um richtige Formen zu machen, verletzt das natürliche Gefüge der Dinge."

Die Rede Claudius Denis fand bei denen, die ihn verstehen wollten und sich zu seinen Ideen bekannten, Beifall. Andere, wohl nur wenige, wandten sich enttäuscht ab und sprachen von esoterischen Zirkelspielen, die nannten ihn einen Schwärmer und Träumer.

Das Fest war ein neuer Markstein in der Geschichte der Straße, in der die Menschen einst schon um die Freiheitsbäume getanzt waren. Solche Feste sind nicht wie Jahrmärkte und sind selten in einem Leben.

Den Abend des Festes verbrachte Claudius Denis im engeren Kreis seiner Freunde. Sie waren zu zwölft und saßen um einen weiten ovalen Tisch in der Vorhalle, dem erhalten gebliebenen ältesten Teil des Hauses.

Claudius Denis hatte für diese festliche Tafelrunde einen besonderen Einfall: die Freunde erschienen als die Söhne Denis, wie sie im alten Haus gelebt hatten und ihr Leben bekannt war. Roger Denis, Louis Denis, Christian Denis, Thomas Denis und Albrecht Denis.

Auch jene, denen sie auf ihre besondere Weise im Leben begegnet waren, hatten sich zur Tafelrunde eingefunden: Rittmeister August Christian Mannlich, Herr von Closen, Christian Friedrich Pfeffel, Albert Weisgerber, Hermann Sinsheimer und der Denker aus der großen Stadt am Ende der Straße.

Es erschien ihnen überraschend, wie sehr sie sich alle gleich verstanden, als sie von ihrer Zeit sprachen. Von ihren Freuden und Nöten und ihren Träumen von einem offenen Himmel. Alle waren sie auf dem Weg zum Gelobten Land unterwegs gewesen, und irgendwo hatte jeder es von ferne gesehen.

Sie sprachen über das Leben der Söhne Denis. Nicht, wie man glauben möchte, makaber und gespenstisch wie von Toten; der Kreis der Freunde erlebte die Stationen der Erinnerungen im Zwischenreich des Wirklichen. Im Spiel mit Zeit und Raum leuchtete das Leben der Denis seltsam auf, und das alte Haus an der Straße und die Menschen hatten das gleiche helle Leuchten.

In der frühen Morgenstunde gingen sie hinaus, die Straße entlang. An ihrem langen Ende sahen sie am Horizont die Sonne aufgehen, und darüber lagen die Farben des Regenbogens.

Inhaltsangabe

		Seite
1. Kapitel:	Die Europaschaukel	5
2. Kapitel:	Frankfurt 1848	18
3. Kapitel:	Ein wahrer Europäer	30
4. Kapitel:	Ahnungen	49
	Feuersturm über Europa	60
5. Kapitel:	Fronten	65
6. Kapitel:	Zeitenwende	76

Herausgeber:

„Verlag Pfälzer Kunst" · Dr. Hans Blinn
76829 Landau i. d. Pf.

Alle Rechte beim Autor

Buchgestaltung: Hans Blinn

Redaktionelle Mitarbeit: Hildegard Schuster, München

Fotosatz: Roman Leipe GmbH, 76767 Hagenbach

Gesamtherstellung:
Graphische Kunstanstalt Walter Gräber GmbH,
67433 Neustadt/Weinstraße

September 1995

ISBN: 3 – 922580 – 53 X